ESO
MÚSICA

Eva F. Gancedo, Inés Monreal,
Carlos G. Cuéllar

Inclusión
Incluimos a todo el alumnado en nuestras aulas.

Rigor
Aprendemos y trabajamos con rigor y creatividad.

Interdisciplinariedad
Relacionamos y aplicamos lo que aprendemos.

Familia
La gran colaboradora en el aprendizaje.

Pensamiento crítico
Fomentamos la diversidad de pensamiento.

Aprendizaje cooperativo
Cooperamos para afrontar tareas.

Las TIC
Usamos las nuevas tecnologías para conectarnos con nuestro mundo.

Competencias
Afrontamos desafíos en los que ponemos en práctica nuestras competencias.

Emprendimiento
Emprendemos para cambiar nuestro entorno.

Evaluación
Ofrecemos la más completa, ambiciosa e innovadora gama de herramientas para la evaluación.

ANAYA

CONTENIDOS DEL CURSO

Contextos musicales y culturales	Música y tecnologías	Emprendimiento
• El concierto con solista. • Antonio Vivaldi. • El Barroco. • Experimenta con la danza: *California Dreamin',* de J. y M. Phillips.	• Grabación de sonidos con dispositivos móviles e identificación de las cualidades de dichos sonidos.	• Creación de ritmos con una baraja de figuras musicales.
• La ópera de Wagner. • El Romanticismo. • El violín.	• Procesamiento de sonidos o de canciones con dispositivos móviles y análisis de los cambios de timbre y altura que se producen.	• Los instrumentos Orff.
• La cantata. • Carl Orff. • La música del s. XX. • Experimenta con la danza: «Danza Trepak», *Cascanueces,* de Chaikovsky.	• El tempo de una canción y su modificación digital a través de la tecnología móvil.	• Creación de la letra de una canción: *Me quedo en esta fiesta.*
• La sonata. • Wolfgang Amadeus Mozart. • El clasicismo. • El piano. • La música en otras culturas.	• Grabación y musicalización de una frase musical, interpretada por la voz, mediante un dispositivo móvil.	• Reconocimiento de fragmentos musicales de otras culturas.
• La música en el cine. • Experimenta con la danza: «Marcha n.º 1», *Pompa y circunstancia,* de E. Elgar.	• Edición y transformación de una composición musical mediante un dispositivo móvil.	• Análisis de la partitura de una canción.
• El oratorio. • Georg Friedrich Haendel. • El barroco musical. • La flauta travesera.	• Grabación de sonidos de distinta intensidad utilizando tecnología móvil.	• Elaboración de un mapa sonoro.
• El lied. • Franz Schubert. • La música vocal romántica. • Experimenta con la danza: *Minueto en Fa mayor,* de F. Schubert.	• Experimentación en el teclado de un piano virtual de la diferencia de altura entre una nota blanca y su nota negra adyacente.	• Creación de una baraja rítmica.
• El nocturno. • Fréderic Chopin. • El piano romántico. • La guitarra eléctrica.	• Experimentación de escalas con un piano virtual en un dispositivo móvil.	• El arreglo musical.

Posiciones de flauta dulce

ASÍ ES TU LIBRO

1

La apertura de la unidad

- Las ocho unidades que conforman el libro comienzan con una fotografía, relacionada con el contenido desarrollado en cada una, y un breve texto, que te introducirá en el tema principal. A continuación, te planteamos una serie de cuestiones relacionadas con la imagen para que pienses, reflexiones y compartas con tus compañeros.

2

El desarrollo de los contenidos

- Los contenidos se explican con sencillez y las definiciones están recuadradas para facilitar su localización. También se ofrecen actividades, que te servirán para comprobar lo que has aprendido en cada apartado y audiciones relacionadas con los contenidos trabajados.
- La sección llamada Practica el lenguaje musical te ayudará a poner el lenguaje musical en juego con actividades de figuras y de notas sobre bases rítmicas.

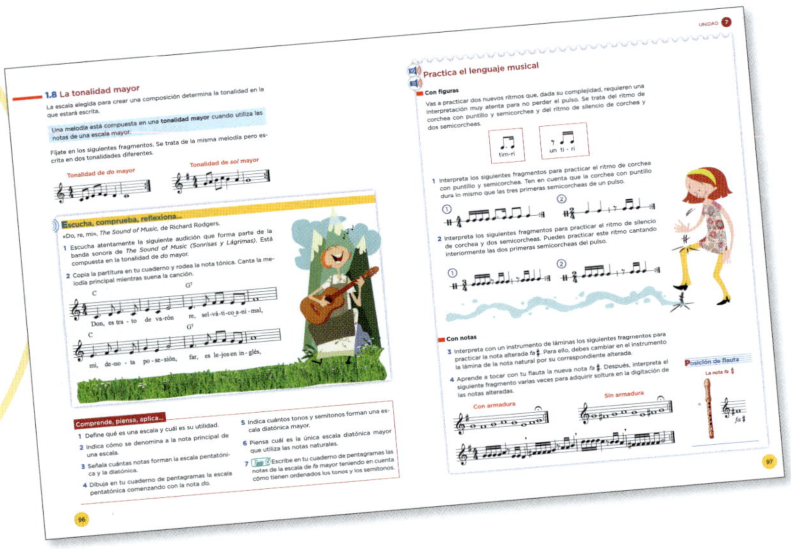

3

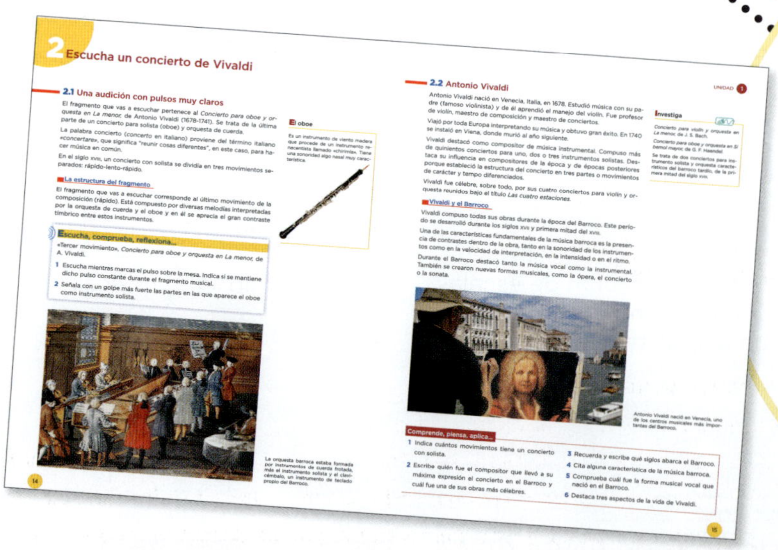

Escucha

- Las audiciones incluidas en este apartado corresponden a obras con diversas formas y estructuras musicales pertenecientes a diferentes estilos y épocas.
- Siempre van acompañadas de actividades con el fin de que entiendas mejor la escucha musical.

4 Taller de interpretacion

- La interpretación de la partitura va precedida de dos apartados que te ayudarán a su preparación, a la vez que repasas y practicas cuestiones fundamentales sobre lenguaje musical.
- El icono 1 indica la pista en la que puedes encontrar la audición en tu CD audio.

5 Experimenta con la danza y Hoy toca... Y Trabaja con lo aprendido

- En las unidades impares, con el apartado Experimenta con la danza tendrás la oportunidad de ejecutar movimientos con tu cuerpo siguiendo la música.
- Y en las unidades pares, podrás aprender más sobre un instrumento en el apartado Hoy toca...
- El apartado Trabaja con lo aprendido te permitirá evaluar tus conocimientos.

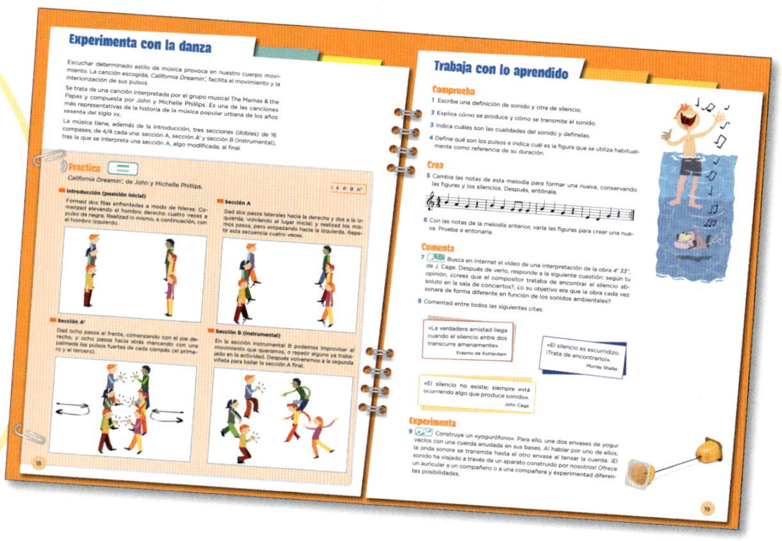

6 Emprender, aprender y Canta en inglés

- La última página de cada unidad plantea un tema que será punto de partida para realizar diversas actividades destinadas a fomentar la actitud emprendedora.
- Y al final del libro dispones de un repertorio de canciones en inglés, que podrás utilizar tanto en clase como en casa.

El CD audio

- En él encontrarás la música correspondiente al apartado «Taller de interpretación». Además, se incluyen bases musicales.

La web del alumn@ y de la familia en anayaeducacion.es

¿Qué es? Un espacio lleno de recursos digitales para mejorar tu aprendizaje.

¿Cómo accedo? Regístrate en nuestra web e introduce el número de licencia que encontrarás al abrir este libro.

¿Cuándo accedo? Cuando el icono indique que en **www. anayaeducacion.es** dispones de recursos relacionados con el contenido que estás estudiando. Y, por supuesto, visita la web siempre que quieras descubrir y aprender más.

1

El sonido del universo

Las ondas que nos rodean

En la vida hay sonidos que son nuestros compañeros inseparables, como el del latido del corazón o el del fluir de la energía vital. Sin ellos no existiríamos.

A ellos se unen los de la propia voz, nuestros pasos o nuestras palmas y, después, los sonidos de aquello que nos circunda.

Veo, pienso, me pregunto... Después, comparto.

1 Cómo sería el planeta sin sonido.

2 Qué sentimos cuando experimentamos el silencio.

3 Cómo sería el sonido sin silencio.

4 Cuáles son nuestros momentos de silencio diarios.

1 Un mundo de sonidos

1.1 El sonido

El sonido está presente en la vida del ser humano desde que nace. Vivimos rodeados de sonidos, pero ¿qué es el sonido y cómo se produce?

El **sonido** es un fenómeno físico percibido por el oído, que se produce por la vibración de un cuerpo o de un objeto.

Todo aquello que nos rodea vibra al moverse o al entrar en contacto con otros cuerpos.

La vibración produce un sonido que se transmite mediante ondas a través del aire, del agua o de otro medio.

El oído percibe esas ondas, identifica sus cualidades y crea una sensación auditiva en nuestro cerebro.

Todos los sonidos que percibimos tienen cuatro cualidades: altura, duración, intensidad y timbre.

Investiga

4'33'', de John Cage.

Esta obra se compone de silencios que se perciben durante los cuatro minutos y treinta y tres segundos que dura.

El compositor entendía el silencio como el «sonido inaudible» y le daba un papel importante en sus composiciones.

1.2 El silencio

El silencio en la música es un elemento tan importante como el sonido. Ambos elementos son la base de la creación musical.

El **silencio** es el tiempo durante el cual no se produce ningún sonido. Cuando tiene lugar una pausa en la música, se escucha el silencio.

El silencio musical es utilizado por los compositores con diferentes finalidades: sirve de contraste con el sonido; separa frases musicales, o secciones como una pausa breve; prepara la llegada de un sonido; da comienzo y finaliza la obra.

1.3 La música

La música se construye a partir del sonido, es su materia prima. Utiliza un lenguaje propio, el lenguaje musical, basado en la combinación y organización de los sonidos de manera artística.

La música es un arte sonoro que necesita el tiempo para desarrollarse. Cuando se contempla un cuadro en un museo, de un vistazo se percibe la obra completa. Una creación musical tiene una duración y es necesario esperar a que acabe la interpretación para tener una idea global de la obra. No ocupa un espacio, como una pintura o una escultura.

La **música** es el arte de combinar los sonidos y los silencios a lo largo de un tiempo.

El oído

El oído nos permite percibir los sonidos y apreciar la música.

Se compone de tres partes:

- El **oído externo,** donde se captan las ondas sonoras que hacen vibrar al tímpano.
- El **oído medio,** transmite las vibraciones del tímpano al oído interno.
- El **oído interno,** transforma las vibraciones en impulsos nerviosos, que crean la sensación auditiva en el cerebro.

Escucha, comprueba, reflexiona...

«O fortuna, velut luna», *Carmina Burana,* de Carl Orff.

1 Escucha el comienzo de la obra y comprueba la importancia del silencio dentro de la composición. Indica con qué finalidad crees que ha sido utilizado.

2 Explica si el fragmento tendría el mismo sentido musical, si el silencio no fuera tan importante en la música.

El silencio absoluto no existe en la naturaleza.

Comprende, piensa, aplica...

1 Define qué es el sonido.

2 Indica cuál es el medio más común sobre el que se propaga el sonido.

3 Explica qué es el silencio. Cita tres finalidades del silencio en música.

4 Justifica si la música ocupa un espacio o se desarrolla en el tiempo.

5 Busca en el diccionario la definición de *acústica* y escribe la relación que tiene dicho término con el sonido.

1.4 Las cualidades del sonido

No todos los sonidos son iguales. Cada uno tiene sus cualidades. Las cualidades del sonido son sus características, sus señas de identidad.

Todo sonido tiene cuatro **cualidades:** altura, intensidad, timbre y duración.

El rincón TIC

Graba con un móvil o con una tablet algunos sonidos de tu entorno. Por grupos, escúchalos, identifica sus cualidades y coméntalo con tus compañeros.

Altura

Es la cualidad que nos permite identificar si un sonido es **grave** (bajo) o **agudo** (alto).

Se representa en la partitura con las **notas** musicales. Para saber el nombre de dichas notas dentro del pentagrama, se utiliza la clave de sol.

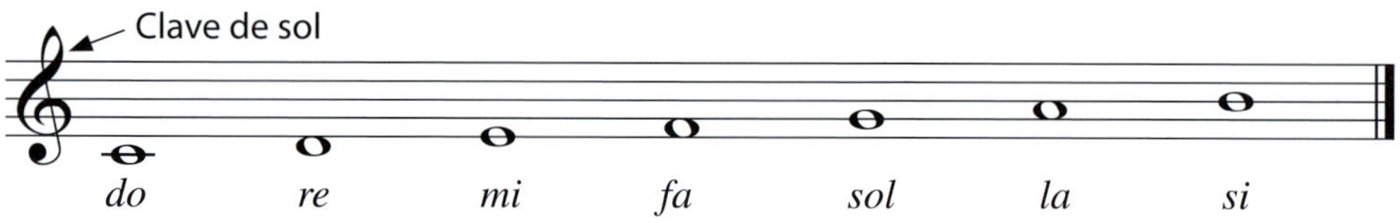

Intensidad

Es la fuerza o volumen con que se produce un sonido. Esta cualidad permite saber si un sonido es **fuerte** o **débil.**

La intensidad se representa en la partitura con los **matices de intensidad,** que son signos que indican la fuerza o la suavidad con la que se debe tocar la obra musical.

Timbre

El timbre es la cualidad del sonido que nos permite identificar la fuente de donde proviene el sonido. Depende de la **forma** y del **material** con que está construido el instrumento u objeto que lo emite.

Por ejemplo, la forma y el material de los siguientes instrumentos determinan su timbre:

Flauta

Pandero

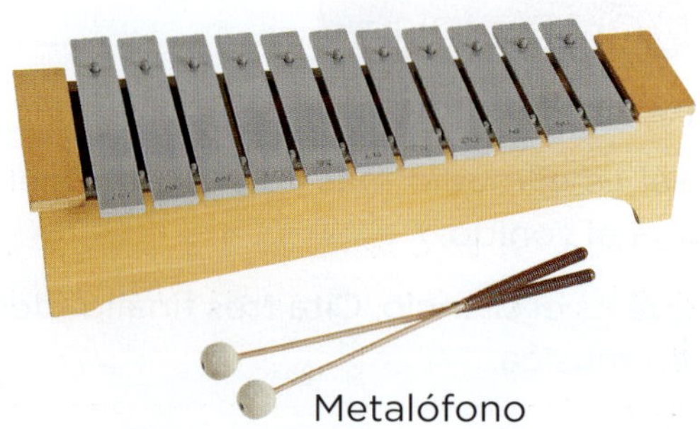

Metalófono

Duración

Es la cualidad que nos permite identificar si un sonido es **largo** o **corto.** La duración de un sonido se representa con las figuras: negra, corchea, semicorchea, blanca, redonda. También hay signos especiales para indicar la duración de los silencios.

NOMBRE	FIGURA	SILENCIO
Redonda	𝅝	𝄻
Blanca	𝅗𝅥	𝄼
Negra	♩	𝄽
Corchea	♪	𝄾
Semicorchea	𝅘𝅥𝅯	𝄿

Recuerda

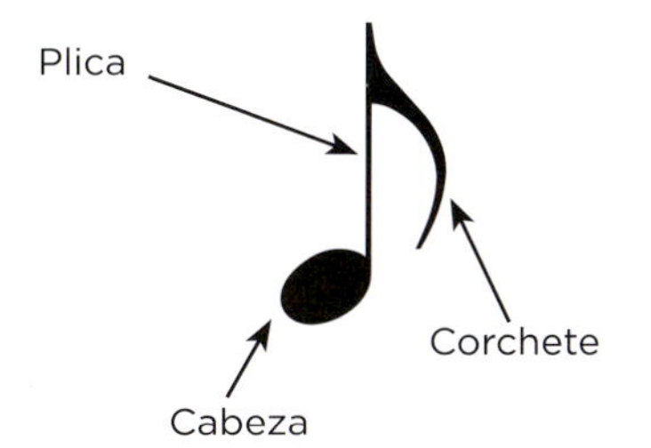

Escucha, comprueba, reflexiona...

«Cuarto movimiento vivace», *Concerto grosso en Sol menor, Op. 6, n.º 8* de A. Corelli.

1 Escucha atentamente y percibe la diferente duración de las figuras que aparecen al inicio del fragmento musical.

2 Identifica qué familia de instrumentos suenan.

La música emplea un lenguaje universal que todos los músicos son capaces de entender.

Comprende, piensa, aplica...

1 Cita las cuatro cualidades del sonido.

2 Escribe en tu cuaderno tres sonidos que escuches a tu alrededor y descríbelos según sus cualidades.

3 Explica qué es la altura de un sonido.

4 Recuerda e indica con qué signos se representa la intensidad del sonido en la partitura.

5 Explica qué es el timbre.

1.5 El pulso

Decimos que hay pulso cuando...

... el corazón late,

... un grifo gotea,

.... dos tenistas juegan al tenis.

El latido del corazón o el goteo de un grifo puede ser más rápido o más lento, pero siempre es constante y regular. Si se mide el tiempo que transcurre entre dos pulsos, se puede comprobar que siempre es el mismo.

El **pulso** es una sucesión de latidos regulares y constantes que se pueden percibir cuando suena la música. Sobre el pulso se desarrolla el ritmo.

Los pulsos son esenciales para que varios músicos puedan tocar a la vez. Tomando el pulso como referencia podemos conocer la velocidad de la música que se escucha, es decir, el tempo.

La duración de un pulso

La duración de un pulso se representa musicalmente con la **figura de negra.** Tomando la negra como referencia, el resto de las figuras y sus silencios tienen la siguiente duración:

Redonda	Blanca	Negra	Corchea	Semicorchea
Cuatro pulsos	Dos pulsos	Un pulso	Medio pulso	Un cuarto de pulso

Comprende, piensa, aplica...

1 Escribe en tu cuaderno situaciones de la vida cotidiana distintas a las ya citadas relacionadas con el pulso.

2 Escucha diferentes tipos de música y trata de descubrir el pulso.

3 Define qué es el pulso.

4 Nombra la figura que se utiliza para representar la duración de un pulso.

5 Indica qué figuras tienen una duración superior a un pulso.

Practica el lenguaje musical

Una forma sencilla de aprender a mantener el pulso en una interpretación es utilizar las sílabas rítmicas: consiste en asignar una sílaba a cada figura musical y acompañarla de percusión corporal.

Con figuras

1 Escucha la base rítmica y, sobre ella, interpreta los fragmentos. Utiliza las sílabas rítmicas y la percusión corporal para no perder el pulso.

2 Interprétalos de nuevo sobre la base rítmica con un instrumento de percusión.

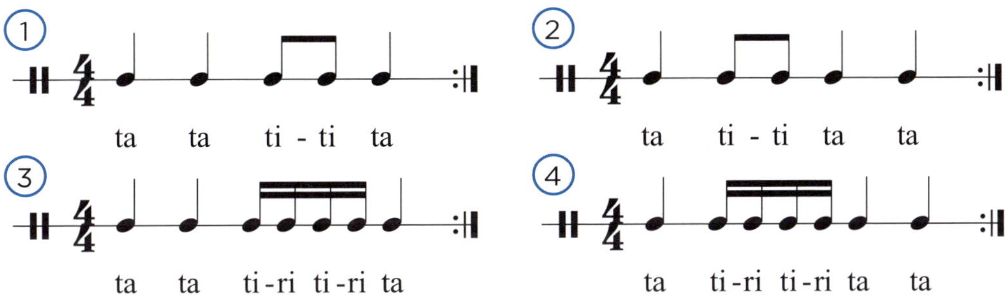

Con notas

3 Interpreta, con tu flauta u otro instrumento melódico, los fragmentos rítmicos anteriores, utilizando solo la nota *si*.

4 Interpreta de nuevo los fragmentos y añade, sucesivamente, otras notas en el orden siguiente: *si, la, sol, mi.*

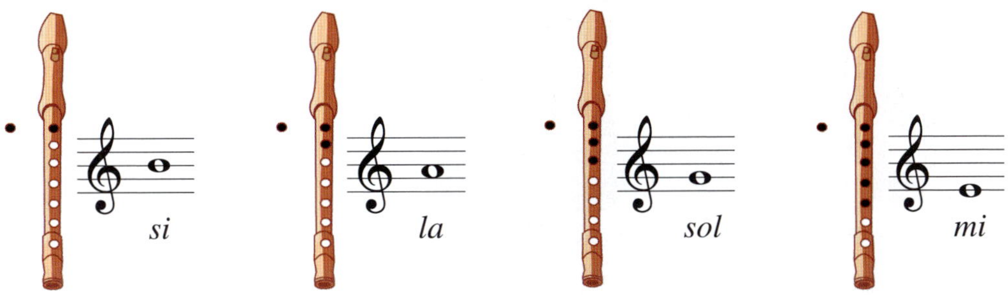

5 Sobre una base rítmica, interpreta este fragmento para practicar las notas.

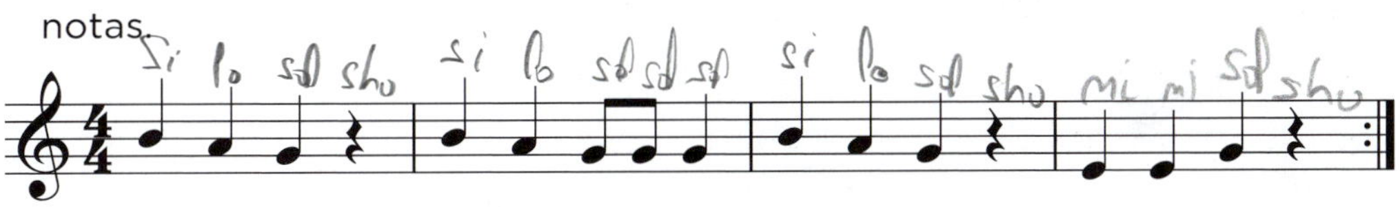

2 Escucha un concierto de Vivaldi

2.1 Una audición con pulsos muy claros

El fragmento que vas a escuchar pertenece al *Concierto para oboe y orquesta en La menor,* de Antonio Vivaldi (1678-1741). Se trata de la última parte de un concierto para solista (oboe) y orquesta de cuerda.

La palabra concierto (*concerto* en italiano) proviene del término italiano *«concertare»*, que significa “reunir cosas diferentes”, en este caso, para hacer música en común.

En el siglo XVIII, un concierto con solista se dividía en tres movimientos separados: rápido-lento-rápido.

La estructura del fragmento

El fragmento que vas a escuchar corresponde al último movimiento de la composición (rápido). Está compuesto por diversas melodías interpretadas por la orquesta de cuerda y el oboe y en él se aprecia el gran contraste tímbrico entre estos instrumentos.

El oboe

Es un instrumento de viento madera que procede de un instrumento renacentista llamado «chirimía». Tiene una sonoridad algo nasal muy característica.

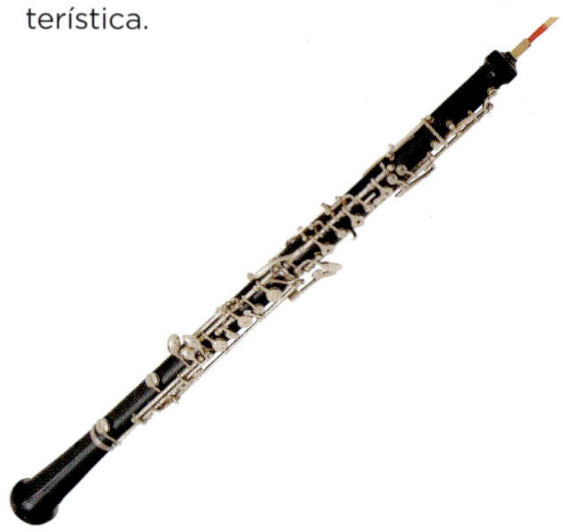

Escucha, comprueba, reflexiona...

«Tercer movimiento», *Concierto para oboe y orquesta en La menor,* de A. Vivaldi.

1. Escucha mientras marcas el pulso sobre la mesa. Indica si se mantiene dicho pulso constante durante el fragmento musical.
2. Señala con un golpe más fuerte las partes en las que aparece el oboe como instrumento solista.

La orquesta barroca estaba formada por instrumentos de cuerda frotada, más el instrumento solista y el clavicémbalo, un instrumento de teclado propio del Barroco.

2.2 Antonio Vivaldi

Antonio Vivaldi nació en Venecia, Italia, en 1678. Estudió música con su padre (famoso violinista) y de él aprendió el manejo del violín. Fue profesor de violín, maestro de composición y maestro de conciertos.

Viajó por toda Europa interpretando su música y obtuvo gran éxito. En 1740 se instaló en Viena, donde murió al año siguiente.

Vivaldi destacó como compositor de música instrumental. Compuso más de quinientos conciertos para uno, dos o tres instrumentos solistas. Destaca su influencia en compositores de la época y de épocas posteriores porque estableció la estructura del concierto en tres partes o movimientos de carácter y tempo diferenciados.

Vivaldi fue célebre, sobre todo, por sus cuatro conciertos para violín y orquesta reunidos bajo el título *Las cuatro estaciones.*

Vivaldi y el Barroco

Vivaldi compuso todas sus obras durante la época del Barroco. Este período se desarrolló durante los siglos XVII y primera mitad del XVIII.

Una de las características fundamentales de la música barroca es la presencia de contrastes dentro de la obra, tanto en la sonoridad de los instrumentos como en la velocidad de interpretación, en la intensidad o en el ritmo.

Durante el Barroco destacó tanto la música vocal como la instrumental. También se crearon nuevas formas musicales, como la ópera, el concierto o la sonata.

Investiga

Concierto para violín y orquesta en La menor, de J. S. Bach.

Concierto para oboe y orquesta en Si bemol mayor, de G. F. Haendel.

Se trata de dos conciertos para instrumento solista y orquesta característicos del barroco tardío, de la primera mitad del siglo XVIII.

Antonio Vivaldi nació en Venecia, uno de los centros musicales más importantes del Barroco.

Comprende, piensa, aplica...

1 Indica cuántos movimientos tiene un concierto con solista.

2 Escribe quién fue el compositor que llevó a su máxima expresión el concierto en el Barroco y cuál fue una de sus obras más célebres.

3 Recuerda y escribe qué siglos abarca el Barroco.

4 Cita alguna característica de la música barroca.

5 Comprueba cuál fue la forma musical vocal que nació en el Barroco.

6 Destaca tres aspectos de la vida de Vivaldi.

Taller de interpretación

Interpreta *A las tres*

El tema *A las tres* que vas a interpretar es una música pop. Este estilo se caracteriza por sus melodías sencillas y pegadizas.

Prepara la melodía

La melodía comienza con cuatro compases de introducción, que después se repiten como acompañamiento durante toda la composición.

En la partitura vas a encontrar unos signos que se utilizan para ahorrar espacio en la partitura musical. Se trata de los signos de repetición. Nos indican qué compases hay que repetir en esta obra musical.

1 Observa e interpreta con sílabas el ritmo de la melodía de la sección A, sin perder el pulso en los silencios. Después, copia de la página siguiente los ritmos de la melodía de las secciones B y C e interprétalos con un instrumento de percusión.

2 Entona los fragmentos siguientes e interprétalos con la flauta.

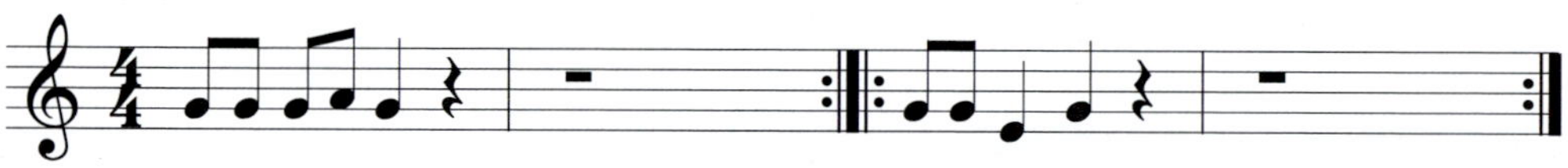

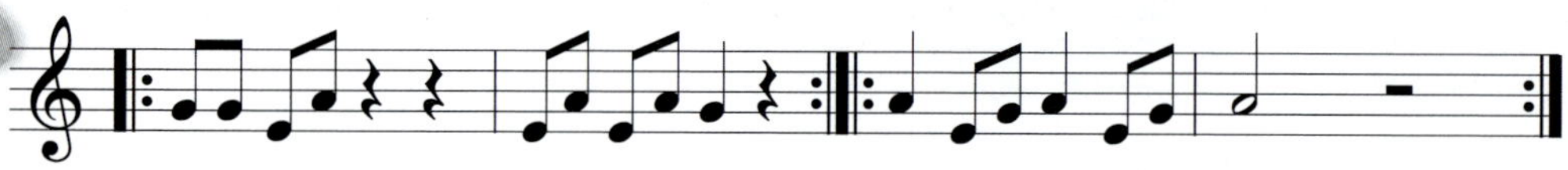

Los signos de repetición

- **Doble barra:** Indica repetir la parte desde el comienzo, o desde donde esté situada la otra barra de repetición.

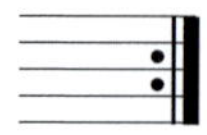

- ***Da capo*** (D.C.): Indica volver al inicio y repetir hasta el final o hasta la indicación de la palabra **fine.**

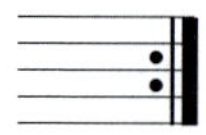

D.C. al Fine

- ***Dal segno*** (D.S.): Indica repetición desde el lugar de la obra donde aparece 𝄋 hasta la indicación de la palabra **fine.**

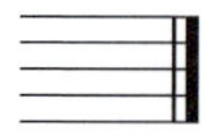

D.S. 𝄋 al Fine

Prepara el acompañamiento

Para interpretar el acompañamiento, necesitas la sonaja, la pandereta, el pandero y los xilófonos altos y bajos.

1 Ensaya despacio el acompañamiento de percusión para conseguir una buena coordinación sin perder el pulso.

2 El acompañamiento de los xilófonos altos puedes realizarlo con un compañero o una compañera, teniendo cada uno una baqueta.

A las tres

Eva F. Gancedo

IABCABC'

Experimenta con la danza

Escuchar determinado estilo de música provoca en nuestro cuerpo movimiento. La canción escogida, *California Dreamin',* facilita el movimiento y la interiorización de sus pulsos.

Se trata de una canción interpretada por el grupo musical The Mamas & the Papas y compuesta por John y Michelle Phillips. Es una de las canciones más representativas de la historia de la música popular urbana de los años sesenta del siglo XX.

La música tiene, además de la introducción, tres secciones (dobles) de 16 compases, de 4/4 cada una: sección A, sección A' y sección B (instrumental), tras la que se interpreta una sección A, algo modificada, al final.

Practica

California Dreamin', de John y Michelle Phillips.

I A A' B A''

Introducción (posición inicial)

Formad dos filas enfrentadas a modo de hileras. Comenzad elevando el hombro derecho cuatro veces a pulso de negra. Realizad lo mismo, a continuación, con el hombro izquierdo.

Sección A

Dad dos pasos laterales hacia la derecha y dos a la izquierda, volviendo al lugar inicial; y realizad los mismos pasos, pero empezando hacia la izquierda. Repetir esta secuencia cuatro veces.

Sección A'

Dad ocho pasos al frente, comenzando con el pie derecho, y ocho pasos hacia atrás marcando con una palmada los pulsos fuertes de cada compás (el primero y el tercero).

Sección B (instrumental)

En la sección instrumental B podemos improvisar el movimiento que queramos, o repetir alguno ya trabajado en la actividad. Después volveremos a la segunda viñeta para bailar la sección A final.

Trabaja con lo aprendido

Comprueba

1 Escribe una definición de sonido y otra de silencio.

2 Explica cómo se produce y cómo se transmite el sonido.

3 Indica cuáles son las cualidades del sonido y defínelas.

4 Define qué son los pulsos e indica cuál es la figura que se utiliza habitualmente como referencia de su duración.

Crea

5 Cambia las notas de esta melodía para formar una nueva, conservando las figuras y los silencios. Después, entónala.

6 Con las notas de la melodía anterior, varía las figuras para crear una nueva. Prueba a entonarla.

Comenta

7 Busca en Internet el vídeo de una interpretación de la obra *4' 33"*, de J. Cage. Después de verlo, responde a la siguiente cuestión: según tu opinión, ¿crees que el compositor trataba de encontrar el silencio absoluto en la sala de conciertos?, ¿o su objetivo era que la obra cada vez sonara de forma diferente en función de los sonidos ambientales?

8 Comentad entre todos las siguientes citas:

> «La verdadera amistad llega cuando el silencio entre dos transcurre amenamente».
> Erasmo de Rotterdam

> «El silencio es escurridizo. ¡Trata de encontrarlo!».
> Murray Shafer

> «El silencio no existe; siempre está ocurriendo algo que produce sonido».
> John Cage

Experimenta

9 Construye un «yogurófono». Para ello, une dos envases de yogur vacíos con una cuerda anudada en sus bases. Al hablar por uno de ellos, la onda sonora se transmite hasta el otro envase al tensar la cuerda: ¡El sonido ha viajado a través de un aparato construido por nosotros! Ofrece un auricular a un compañero o a una compañera y experimentad diferentes posibilidades.

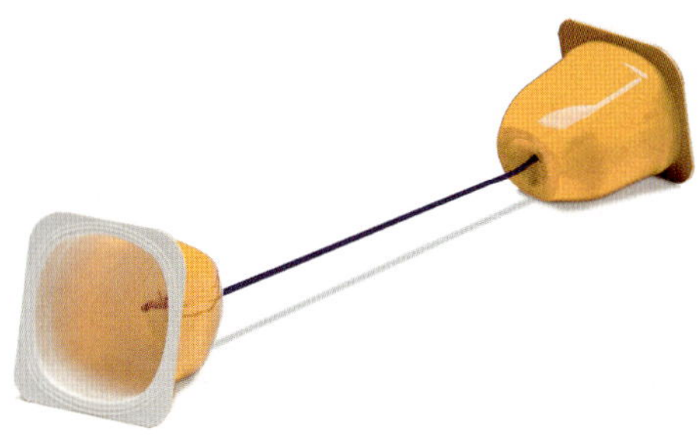

Las figuras musicales

En esta unidad has aprendido que la duración de un sonido se representa mediante las figuras musicales.

A cada figura se le asigna un número de pulsos determinado, es decir, una duración del sonido diferente.

Te proponemos realizar un ejercicio con el que aprenderás a conservar y a interiorizar el pulso cuando realices una interpretación.

Forma una baraja

1 Observa los siguientes recuadros. Contienen diferentes figuras que has trabajado en esta unidad. Reproduce cada una de ellas cuatro veces en una cartulina y después recórtalas. Obtendrás así una baraja de 12 tarjetas:

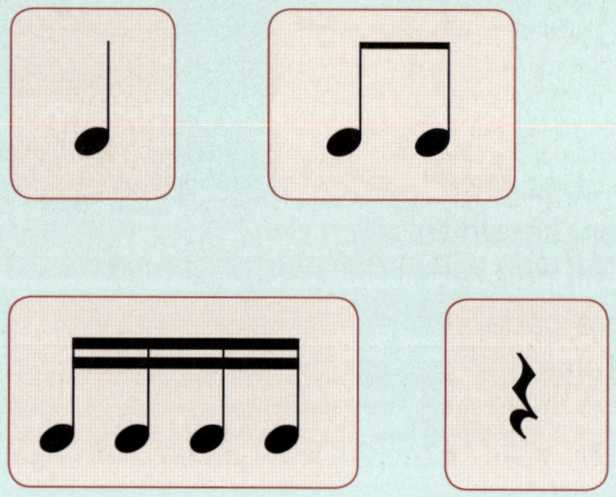

Elabora los ritmos

2 Mezcla todas las tarjetas de la baraja. Después, extrae cuatro al azar y colócalas una a continuación de otra. Tendrás así un pequeño fragmento rítmico de cuatro pulsos.

Interpreta

3 Interpreta el ritmo que has creado siguiendo estos cuatro pasos:

a) Lee con sílabas rítmicas.

b) Lee con sílabas rítmicas y palmadas.

c) Lee solo con palmadas.

d) Toca sobre un instrumento o sobre la mesa.

4 Repite los pasos 2 y 3 para obtener diferentes fragmentos de ritmo.

Extrae conclusiones

5 Has obtenido un método sencillo y rápido de generar ejercicios para practicar todo lo que has aprendido en la unidad sobre figuras rítmicas.

6 Extrae conclusiones y ponlas en común con el grupo sobre cuáles han sido las dificultades surgidas en la interpretación de los ritmos.

2

Los colores de la música

Un mundo de colores

En nuestra vida escuchamos multitud de sonidos que nos rodean y forman parte de nuestro entorno cotidiano. Nos preguntamos cuál es el origen de esos sonidos. Todos ellos tienen una procedencia: son el resultado de poner en vibración un objeto sonoro.

Veo, pienso, me pregunto... Después, comparto.

1 Cómo suena cada instrumento y qué parecido tiene con otros.

2 Por qué la voz humana es un instrumento musical.

3 Qué sentimos cuando cantamos y cuando tocamos un instrumento.

1 El color del sonido

1.1 El timbre

En la vida cotidiana se escuchan multitud de sonidos a los que no prestamos atención. Cada uno de ellos tiene una cualidad particular, un timbre, que está relacionado con la fuente sonora que lo produce, ya sea voz, objeto sonoro o instrumento musical.

El **timbre** es la cualidad que permite identificar la fuente sonora de la que procede el sonido.

El timbre es en la música lo que el color en la pintura. Igual que en un cuadro los colores proporcionan fuerza expresiva, en una composición musical la utilización de distintos timbres da personalidad y sentido a la obra. Por eso, al timbre también se le llama color musical.

El rincón TIC

Con una aplicación de efectos de audio, procesa sonidos o canciones en un móvil o en una tablet, compartiendo con tus compañeros el cambio de timbre y altura que escuchas.

1.2 El instrumento musical

La música surge de la combinación de sonidos producidos por instrumentos. Cualquier objeto que emita sonidos puede utilizarse como instrumento para interpretar música. Ahora bien, solo se considera instrumento musical aquel que ha sido construido, específicamente, para hacer música.

Un **instrumento musical** es un objeto construido con el fin de producir sonidos musicales.

Cada instrumento tiene su propio timbre. Esto se debe al material del que está hecho cada uno, a su forma y a la manera en que se obtiene el sonido (soplando, frotando, golpeando, etc.).

Grupos musicales, como Mayumaná, Stomp o Tom Tom Pack, interpretan obras utilizando objetos cotidianos.

1.3 La elección del timbre

Los compositores conocen el timbre de los instrumentos y, en función de este, deciden cuáles van a escoger para interpretar su obra. De su elección depende cómo va a sonar la música.

El compositor cuando elige un determinado instrumento pretende, fundamentalmente:

- Destacar una melodía frente al resto de la composición.
- Dar variedad sonora a la composición.
- Sugerir algo con el color especial de dicho instrumento.

Investiga

La suite sinfónica op. 35 *Scheherezade,* del compositor ruso N. Rimski-Kórsakov, para apreciar la variedad sonora de la obra.

Escucha, comprueba, reflexiona...

Melodía interpretada con voz e instrumentos.

1 Escucha atentamente la melodía. Está interpretada con la voz y con diferentes instrumentos.

2 Identifica de qué instrumentos se trata y escribe el orden en que suenan.

Representación del timbre en una partitura

El timbre se representa en la partitura indicando el nombre del instrumento al inicio de cada pentagrama, como se muestra a continuación:

Comprende, piensa, aplica...

1 Describe qué es el timbre.

2 Define instrumento musical.

3 Especifica qué aspectos determinan el timbre de un instrumento.

4 Con un objeto cotidiano, ¿se puede hacer música?

5 Busca en Internet objetos sonoros confeccionados con materiales domésticos.

6 Cita un motivo por el que un compositor escoge un instrumento para interpretar su obra.

7 Indica cómo se representa el timbre de los instrumentos en una partitura.

1.4 La voz y su clasificación

La voz es el instrumento musical más antiguo y complejo que existe. Fue el primer instrumento que el hombre empleó para interpretar música.

Según el uso que le demos, la voz puede ser:

- Hablada: para comunicarnos con palabras.
- Cantada: para crear música.

> La **voz** es un instrumento musical cuyo sonido se produce cuando el aire hace vibrar las cuerdas vocales y es amplificado al pasar por los resonadores (faringe, cavidad bucal y fosas nasales).

Las voces humanas se clasifican en seis tipos básicos, en función de su tesitura. La **tesitura** de la voz es el conjunto de notas, de la más grave a la más aguda, que puede entonar de manera cómoda el cantante.

TESITURA	VOCES MASCULINAS	VOCES FEMENINAS
Aguda	Tenor	Soprano
Media	Barítono	Mezzosoprano
Grave	Bajo	Contralto

La muda de la voz

En la adolescencia se producen cambios fisiológicos notables. Las cuerdas vocales se alargan y se ensanchan haciendo que la voz sea más grave.

En los chicos, la voz baja una octava, mientras en las chicas solo baja dos o tres tonos.

Escucha, comprueba, reflexiona...

«O mio babbino caro», ópera *Gianni Schicchi,* de G. Puccini.

1 Escucha atentamente e identifica la tesitura de la voz.

En la ópera cada voz está relacionada con un personaje. En la imagen, escena de un montaje contemporáneo de la ópera *Gianni Schicchi,* de Puccini.

1.5 Los instrumentos y su clasificación

Los instrumentos musicales se clasifican en tres familias según el modo en que se produce el sonido: **cuerda, viento** y **percusión.**

Familias de instrumentos

- **Cuerda**: Las cuerdas tensadas vibran sobre una caja de resonancia al ser frotadas, rasgueadas, pinzadas o percutidas.
- **Viento**: El aire soplado vibra en el interior de un tubo de madera o de metal.
- **Percusión**: La madera, el metal o la membrana vibran al ser golpeados, frotados, agitados, etc.

La colocación de los instrumentos en una orquesta está relacionada con sus respectivos timbres. Así, los instrumentos de cuerda se sitúan al frente, de más agudo a más grave; detrás se colocan los instrumentos de viento, primero madera y luego metal; y al final, los instrumentos de percusión.

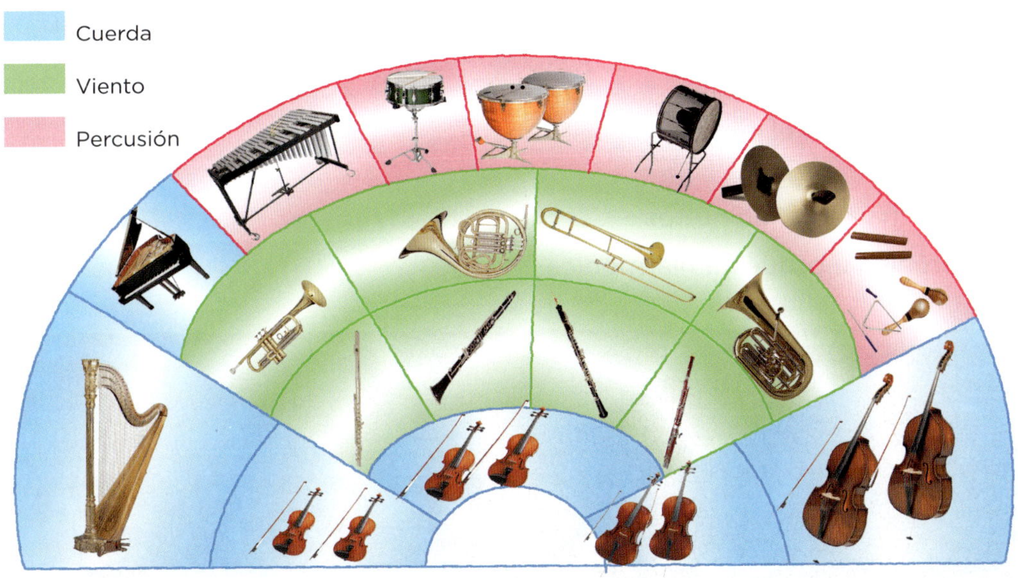

Instrumentos electrófonos

En la actualidad, se suelen añadir los **instrumentos electrófonos,** en los que la vibración se produce mediante corrientes eléctricas y circuitos electrónicos.

Escucha, comprueba, reflexiona...

«Menuetto», *Sonatina en Sol menor,* de F. Schubert.

1 Escucha atentamente el fragmento y clasifica los instrumentos que suenan según la familia a la que pertenecen.

Comprende, piensa, aplica...

1 Explica cómo se produce la voz humana.

2 Nombra las voces, masculinas y femeninas, de tesitura grave.

3 Realiza en grupo la clasificación de los siguientes instrumentos por familias: *arpa, clarinete, contrabajo, trombón, bombo, piano, vibráfono.*

1.6 Las agrupaciones musicales

Los instrumentos (y las voces) se agrupan con el fin de interpretar obras juntos, dando lugar a las **agrupaciones**.

Las agrupaciones vocales

La música vocal es la interpretada por voces, tengan acompañamiento instrumental o no. Cuando no va acompañada de instrumentos, se le llama música vocal *a capella.*

Las voces pueden agruparse de varias formas:

- **Según el número de componentes:**
  - Agrupaciones pequeñas: dúos, tríos, cuartetos.
  - Coros: coro de cámara, coral, orfeón.
- **Según el tipo de voces:**
  - Coro de voces iguales: masculino, femenino, voces blancas.
  - Coro de voces mixtas.

Una agrupación vocal puede cantar «al unísono» cuando los componentes interpretan la misma melodía, o «a varias voces», cuando interpretan melodías diferentes.

Las agrupaciones instrumentales

La música instrumental es la interpretada exclusivamente por instrumentos. Existen distintos tipos de agrupación, según el número de instrumentos que participen en ella:

- **Agrupaciones de cámara:** dúos, tríos, cuartetos, quintetos.
- **Grandes agrupaciones:** orquesta sinfónica u orquesta filarmónica.

La orquesta sinfónica está constituida por todas las familias instrumentales. En ella, la figura del director es esencial para su coordinación.

Otras agrupaciones

Las agrupaciones instrumentales también se pueden clasificar según el estilo musical que interpretan: grupo pop-rock, grupo jazz, grupo folk, etc.

Practica el lenguaje musical

Las **corcheas a contratiempo** están formadas por una corchea precedida de un silencio de corchea en el mismo pulso.

Observa el cuadro comparativo de las corcheas a tiempo y a contratiempo.

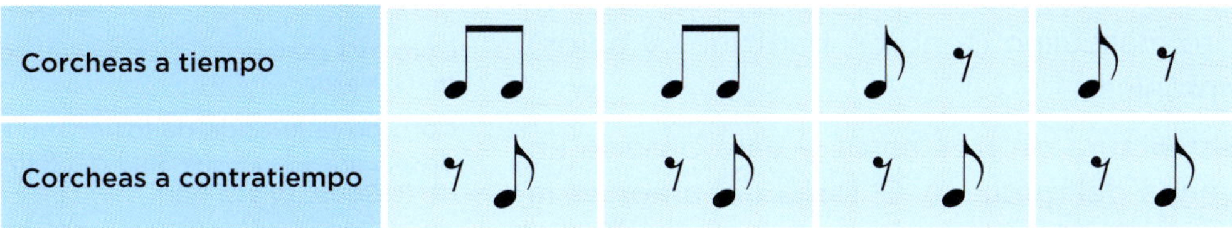

Cuando una sección de una obra musical se repite con diferente final, se utiliza la denominada *casilla de primera vez* y *casilla de segunda vez*.

Se indica así:

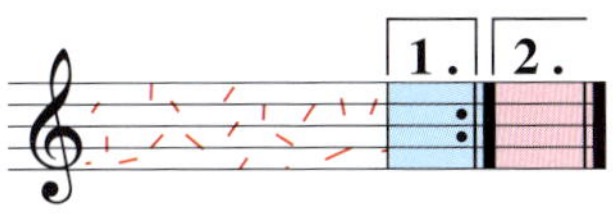

Se interpreta así:

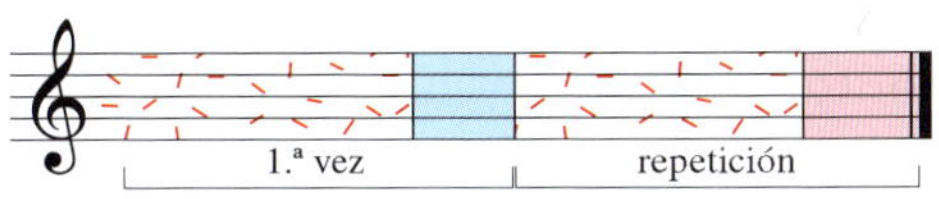

Con figuras

1 Interpreta los fragmentos con sílabas rítmicas y percusión corporal. Comienza interpretando el silencio de corchea con la sílaba *un,* como si fuera una figura más de corchea.

2 Interprétalos, de nuevo, pero, ahora, silenciando la sílaba *un.* Utiliza la base rítmica en compás cuaternario.

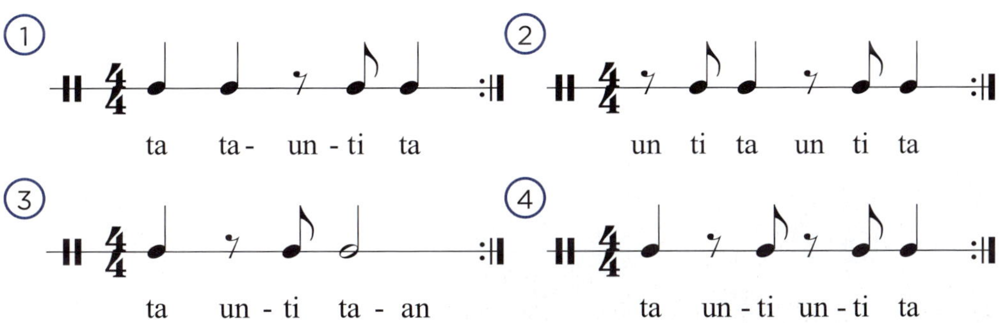

Con notas

3 Observa y analiza los fragmentos melódicos que tienes a continuación. Fíjate en que se utilizan dos nuevas posiciones de flauta: *do* y *re* grave. Sobre una base rítmica en compás cuaternario, interprétalos.

Posiciones de flauta

La nota *do* grave

La nota *re* grave

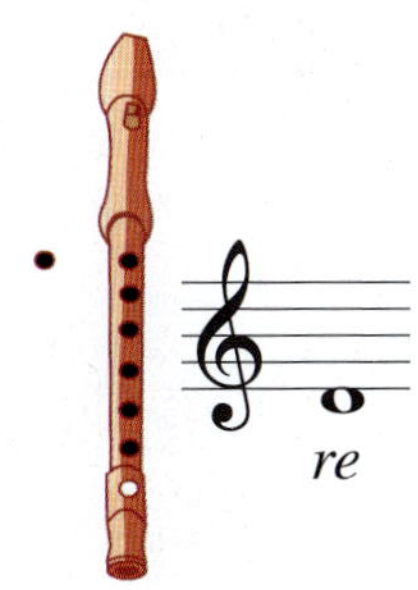

2 Escucha una ópera de Wagner

2.1 Una audición con fuerza coral e instrumental

El fragmento que vas a escuchar pertenece a la ópera *Tannhäuser,* del compositor alemán Richard Wagner (1813-1883). Se trata del «Coro de los peregrinos», interpretado por un coro masculino (tenores, barítonos y bajos) acompañado por una orquesta sinfónica.

La ópera *Tannhäuser* tiene una estructura de tres actos y está basada en dos leyendas de la mitología alemana del medievo. El tema del amor es la base del argumento.

La estructura del fragmento

El «Coro de los peregrinos» está incluido dentro del tercer y último movimiento de la composición (rápido). Está compuesto por diversas melodías interpretadas por la orquesta de cuerda y el oboe, y en él se aprecia el gran contraste tímbrico entre estos instrumentos.

Este fragmento musical consta de tres secciones: A B A'.

Escucha, comprueba, reflexiona...

«Coro de los peregrinos», ópera *Tannhäuser,* de R. Wagner.

1. Escucha atentamente la audición mientras aprecias su fuerza dramática y cómo se desarrolla la música en el tiempo.
2. En este fragmento intervienen dos agrupaciones vocales, ¿sabrías decir cuáles son?
3. Escribe en tu cuaderno qué tipo de agrupación, vocal y/o instrumental, aparece en la audición.

Investiga

Coro «Va pensiero», ópera *Nabucco,* de G. Verdi.

Coro de la «Ronda de los enamorados», zarzuela *La del Soto del Parral,* de R. Soutullo y J. Vert.

Motete *Ave verum,* de W. A. Mozart.

Podrás escuchar cómo es la interpretación del coro en tres formas musicales distintas.

2.2 Richard Wagner

Richard Wagner nació en Leipzig, Alemania, en 1813. Desde muy joven decidió dedicarse a la música. Estudió piano y violín, aunque no fue un alumno brillante. Su formación fue casi autodidacta.

Wagner fue el creador de la ópera alemana. Dicha ópera se caracteriza por estar escrita en alemán, por la utilización de leyendas mitológicas, además de por la formación de una gran orquesta.

Las óperas de Wagner eran concebidas como una obra de arte total, en la que se unían la poesía, la música, la dramatización y la danza. Además, incorporó la técnica del *leitmotiv,* que consiste en dotar a cada personaje de una melodía que lo caracteriza a lo largo de toda la composición.

Alguna de las óperas más importantes son *Tannhäuser, Lohengrin, Tristán e Isolda* y la tetralogía *El anillo del Nibelungo.*

Wagner y el Romanticismo

Wagner compuso sus obras durante la época del Romanticismo. Este período se desarrolló a lo largo del siglo XIX.

La música romántica utiliza melodías expresivas de ritmos complejos con la presencia de una gran orquesta sinfónica.

Richard Wagner con su mujer, Cósima, y el padre de esta, Franz Liszt.

Comprende, piensa, aplica...

1 Escribe cuáles son las voces que integran el coro masculino de la audición.

2 Indica cuáles son las características de la ópera alemana.

3 ¿Durante qué siglo se desarrolló el Romanticismo?

4 Realizad en grupo un pequeño trabajo de investigación sobre las características de la ópera en el Romanticismo.

5 Busca en Internet el argumento de la ópera *Tannhäuser,* de Wagner, y resúmela.

Taller de interpretación

Interpreta *Rompe el hielo*

La canción *Rompe el hielo,* es de estilo pop. La voz es el instrumento principal, acompañado de guitarra, bajo, batería y teclado. Sigue estos pasos para preparar la interpretación.

Prepara la melodía

1 Interpreta con sílabas rítmicas y percusión corporal so lo las figuras de la melodía, sin preocuparte de los nombres de las notas.

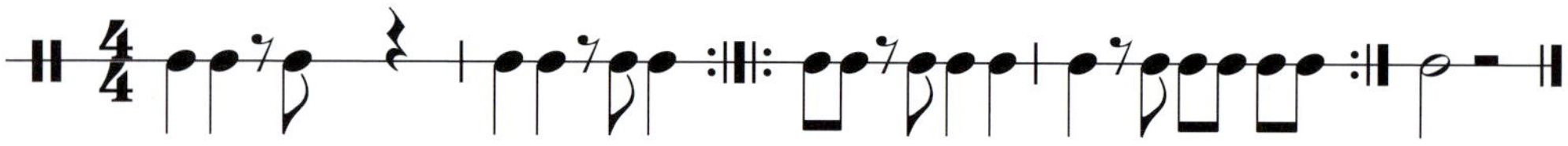

2 Entona los nombres de las notas sin tener en cuenta sus figuras. Para facilitar la entonación, utiliza la flauta.

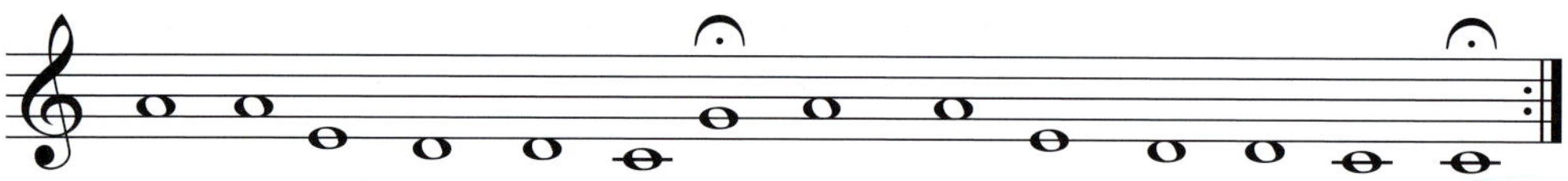

3 De nuevo, entona el nombre de cada nota y, ahora sí, manteniendo la duración de cada una de ellas.

4 Escucha varias veces la canción hasta aprender toda la letra.

Prepara el acompañamiento

1 Formad tres grupos y ensayad cada uno por separado una línea de las tres que conforman el acompañamiento de la canción. Después, ensayad juntos sin perder el pulso, hasta conseguir una ejecución coordinada.

2 El acompañamiento de los xilófonos soprano/alto puedes realizarlo con un compañero o compañera, teniendo cada uno una baqueta.

2 **Rompe el hielo**

M.ª José Guibert y Eva F. Gancedo

I A B I A B B

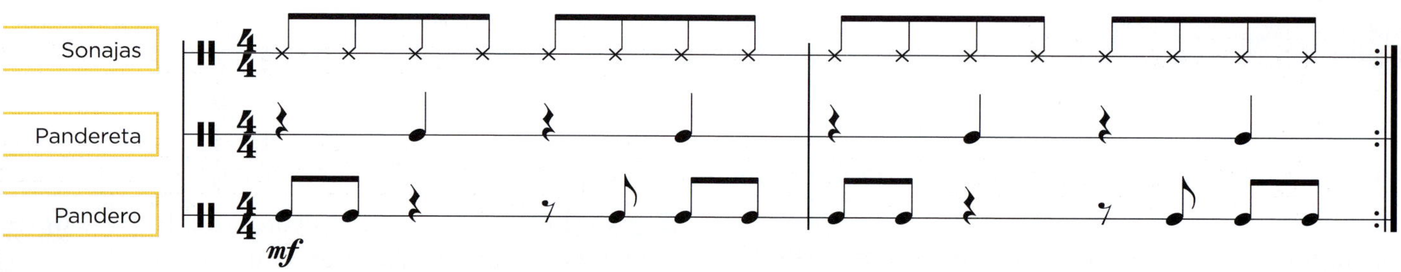

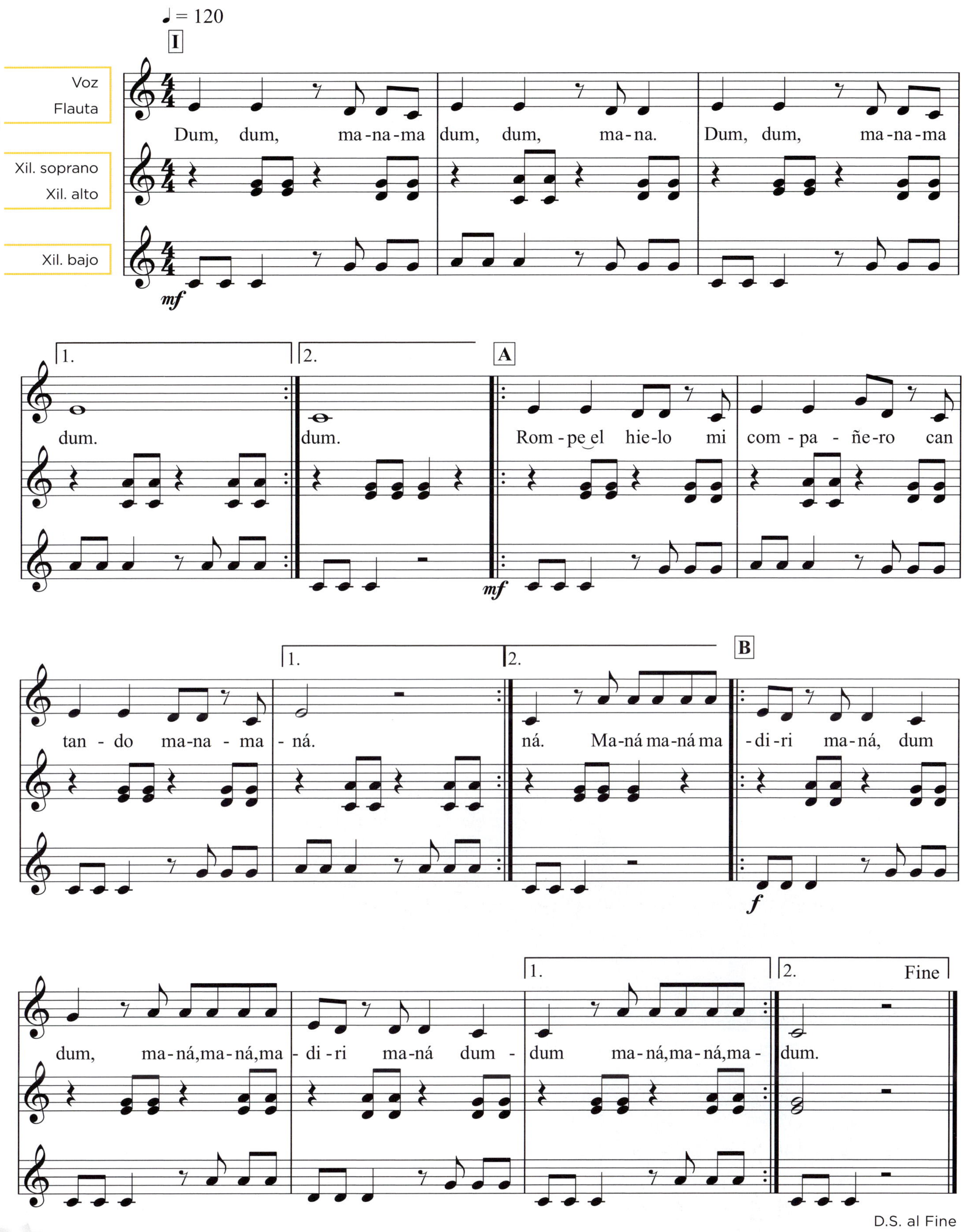
♩ = 120
I
Voz
Flauta
Xil. soprano
Xil. alto
Xil. bajo
Dum, dum, ma-na-ma dum, dum, ma-na. Dum, dum, ma-na-ma
mf
1. dum.
2. dum.
A
Rom-pe el hie-lo mi com-pa-ñe-ro can
mf
tan-do ma-na-ma-ná.
1.
2. ná. Ma-ná ma-ná ma
B
-di-ri ma-ná, dum
f
dum, ma-ná, ma-ná, ma - di-ri ma-ná dum -
1. dum ma-ná, ma-ná, ma -
2. dum.
Fine
D.S. al Fine

Hoy toca... el violín

El violín es un instrumento de cuerda frotada cuyo sonido se produce al frotar las cuerdas con un arco. La calidad del sonido del violín depende del tipo de madera con el que se fabrica y del barniz que se le aplica.

El violín, tal y como lo conocemos hoy, se comenzó a fabricar en el siglo XVI en Italia. Sus antecesores son antiguos instrumentos de cuerda frotada medievales, como la fídula o el rabel.

Al principio no era un instrumento muy apreciado pero los lutiers (constructores de instrumentos de cuerda) del siglo XVII lo fueron perfeccionando. Fue entonces cuando adquirió la fama que ahora tiene, pasando a tener un papel primordial en la orquesta.

Los Stradivarius

Los violines construidos por el gran lutier Antonio Stradivari (1644-1737) son muy valorados por la singularidad de su sonido.

Hoy en día, a pesar de los avances tecnológicos, no ha sido posible descubrir su secreto ni reproducir sus características.

Escucha, comprueba, reflexiona...

Danza española «Zapateado» op. 23, n.º 2, de Pablo Sarasate.

1. Escucha atentamente la audición. Se trata de una composición para violín y piano inspirada en melodías populares españolas.
2. Marca los pulsos con un lápiz sobre la mesa y fíjate en los distintos registros del violín, tanto el grave como el agudo.

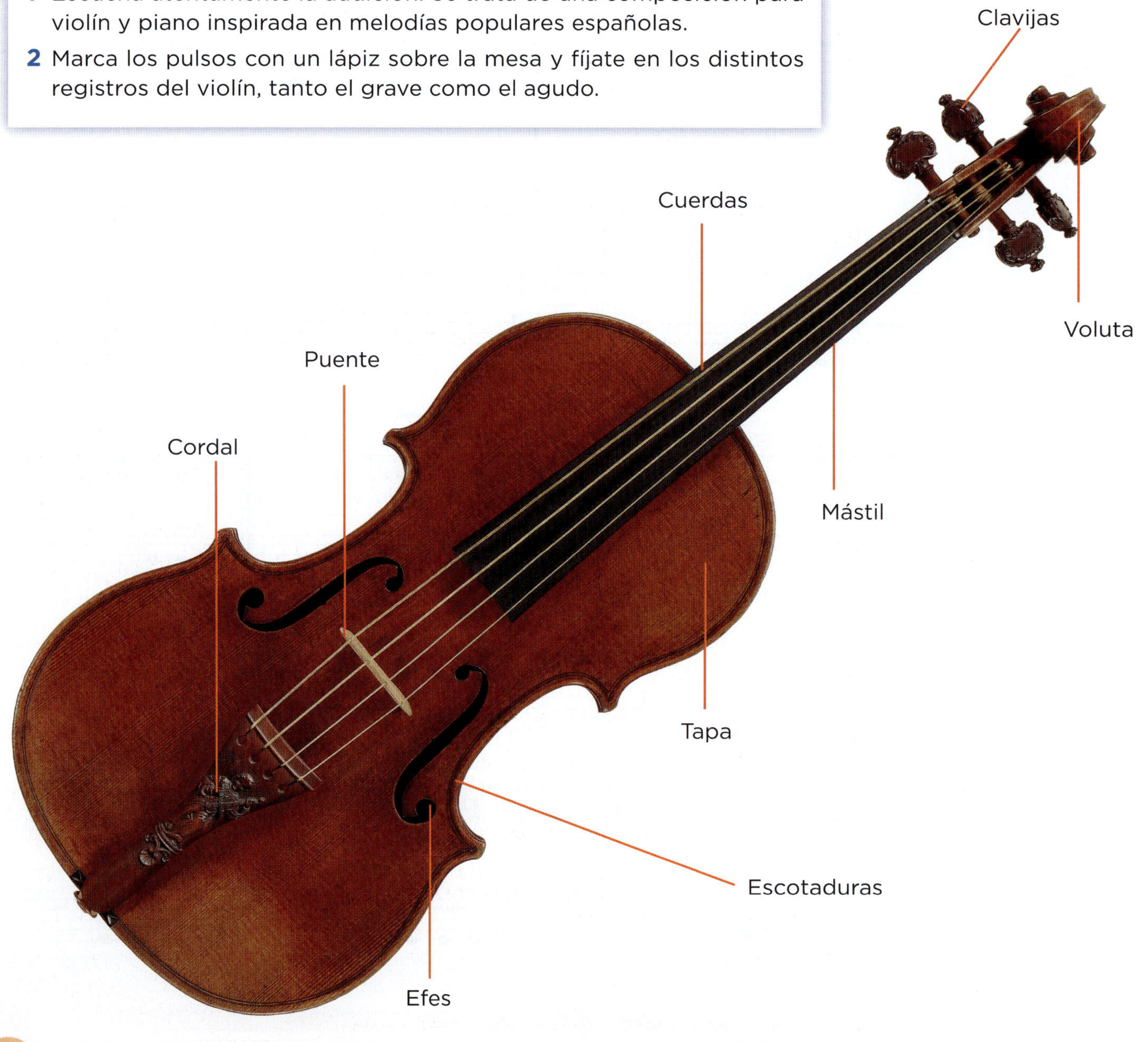

Trabaja con lo aprendido

Comprueba

1 Explica por qué al timbre también se le llama color.

2 Escribe cuáles son las familias en las que se clasifican los instrumentos musicales y explica cómo se produce el sonido en cada caso. Utiliza ejemplos.

3 ¿Cuál es la finalidad de una agrupación musical? Escribe qué tipos de agrupaciones musicales conoces.

4 Indica de qué están precedidas las corcheas a contratiempo.

Practica

5 Fíjate bien e interpreta con sílabas rítmicas y percusión corporal el siguiente fragmento.

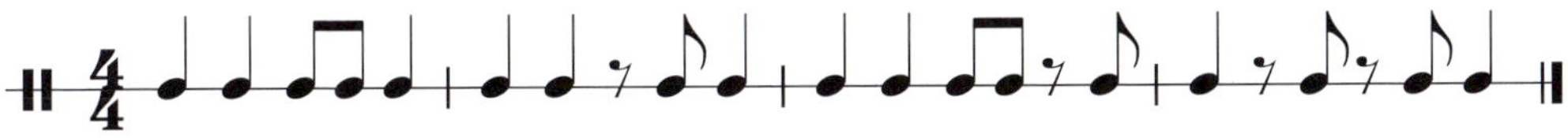

Crea

6 Escribe en tu cuaderno un fragmento melódico de cuatro compases en ritmo ternario. Utiliza las notas siguientes.

7 Interpreta con un instrumento melódico las siguientes notas con las figuras que tú vayas decidiendo.

Experimenta

8 Situad en el centro de la clase todos los instrumentos del aula. Por turnos, acercaos a ellos y haced sonar uno. El resto de la clase, con los ojos cerrados, debe identificar el instrumento por su timbre.

Investiga

9 Busca información en Internet sobre alguna orquesta de tu comunidad y alguna europea: cuándo se fundó, en qué ciudad, quién la dirige en la actualidad, qué tipo de música toca, etc.

Los instrumentos Orff

emprender aprender

Se denomina instrumental Orff al conjunto de instrumentos de láminas y pequeña percusión que se emplea en las agrupaciones escolares.

Su creador pensó que, además de instrumentos de pequeña percusión, era necesario disponer en el aula de instrumentos melódicos, fáciles de usar y bien afinados. Estos instrumentos facilitan la interpretación y, por tanto, promueven el gusto por la música.

A continuación, realiza las siguientes actividades para averiguar quién seleccionó estos instrumentos, cuándo, de qué tipo son, etc.

Investiga sobre Orff

1 Hasta ahora sabes que existen unos instrumentos denominados «instrumental Orff». Busca información sobre ellos y enseguida descubrirás por qué se denominan así: habrás dado con la persona que les puso nombre.

2 Indaga sobre la vida de Orff y su profesión. Céntrate especialmente en por qué llegó a escoger estos instrumentos escolares.

Investiga sobre el instrumental Orff

3 Los instrumentos Orff se clasifican en dos grandes grupos. Localiza información sobre estos dos grupos y haz una lista de los principales instrumentos que corresponden a cada uno.

4 Existen tres tamaños básicos de xilófono y de metalófono, ¿cuáles son esos tamaños? Explica sus características.

5 Entre los instrumentos Orff existe un pequeño instrumento de láminas de metal; ¿conoces su nombre?

Comparte tu experiencia

6 Seguramente, a lo largo de tu aprendizaje musical has utilizado estos instrumentos en la escuela: ¿Son fáciles de utilizar? ¿Favorecen la interpretación en grupo? ¿Crees que sin ellos podrías haber interpretado música en el aula? ¿Cuáles son los que más has utilizado en clase? Escribe una sencilla redacción explicando tu experiencia con ellos.

3

El latido de la música

Pulso a pulso

Cuando nos comunicamos con otras personas, nuestras palabras tienen acentos y se generan ritmos. Por ello hablamos del ritmo de la palabra.

En música, también existen acentos que marcan los sonidos que se interpretan con más intensidad.

Veo, pienso, me pregunto... Después, comparto.

1. Cómo sonaría una palabra si no tuviera ningún acento.
2. Qué ritmos generan las palabras.
3. Cómo sería la música sin los acentos en cada compás.

1 El ritmo de la música

1.1 El acento

En el lenguaje hablado hay sílabas que se acentúan, es decir, se pronuncian con más fuerza que las demás. En el lenguaje musical, como en el hablado, hay pulsos que se acentúan.

Una frase hablada pierde el sentido si se cambian sus acentos. En la música ocurre algo similar: si los acentos naturales se trasladan de lugar o no se tienen en cuenta, cambia notablemente el sentido de lo que se interpreta.

El signo de acento

El signo de acento (>) se escribe para indicar que se debe acentuar la nota sobre la que se encuentra.

Escucha, comprueba, reflexiona...

«Como nací en la calle de la Paloma», zarzuela *El barberillo de Lavapiés*, de Francisco Asenjo Barbieri.

1 Observa en la partitura las notas acentuadas. Recita el texto marcando las sílabas acentuadas.

2 Escucha atentamente el fragmento. Si además de recitar golpeas suavemente la mesa marcando dichas sílabas, oirás también el **acento natural** del compás.

Practica

1 Lee estas frases mientras marcas la sílaba acentuada de cada palabra. Si haces corresponder un pulso a cada sílaba, resultan, de forma natural, acentuaciones regulares cada cierto número de pulsos. Estas acentuaciones regulares conforman el compás de la música.

EL BURRO FLAUTISTA (Tomás de Iriarte)

Cerca de **u**nos **pra**dos
que **hay** en **mi** lu**gar**
(pa)**sa**ba **un** bo**rri**co
por ca**sua**li**dad**.

LA VIDA ES SUEÑO (Calderón de la Barca)

¡**Vál**game el **cie**lo, qué **ve**o!
¡**Vál**game el **cie**lo, qué **mi**ro!
Con poco es**pan**to lo ad**mi**ro
con mucha **du**da lo **cre**o.

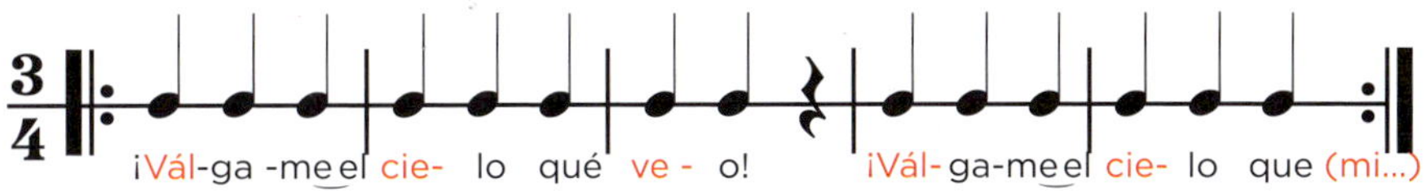

LA DOROTEA (Lope de Vega)

A mis sole**da**des voy,
de mis sole**da**des vengo,
porque para an**dar** conmigo
me bastan mis **pen**samientos.

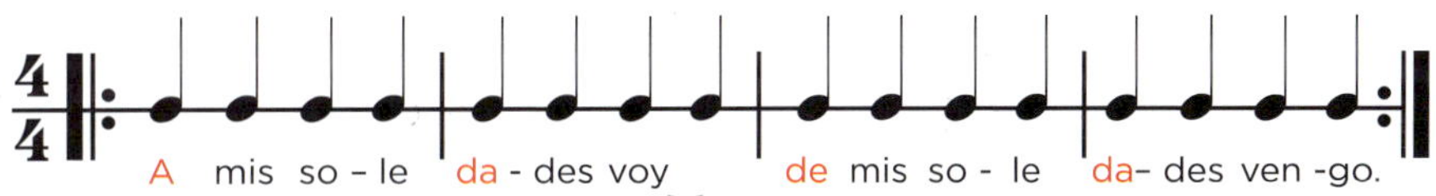

1.2 El compás

Los pulsos se agrupan de forma organizada dando lugar al compás. El primer pulso de cada compás se interpreta de forma acentuada. Es lo que se denomina acento natural del compás.

El **compás** es una agrupación de pulsos que se repite de forma constante. El acento natural señala el primer pulso de cada compás.

Los compases más habituales son el **binario** (grupos de dos pulsos), el **ternario** (de tres pulsos) y el **cuaternario** (de cuatro pulsos).

Cifra de compás

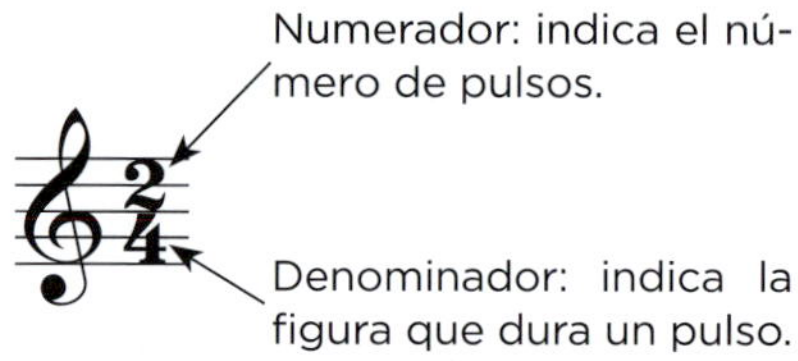

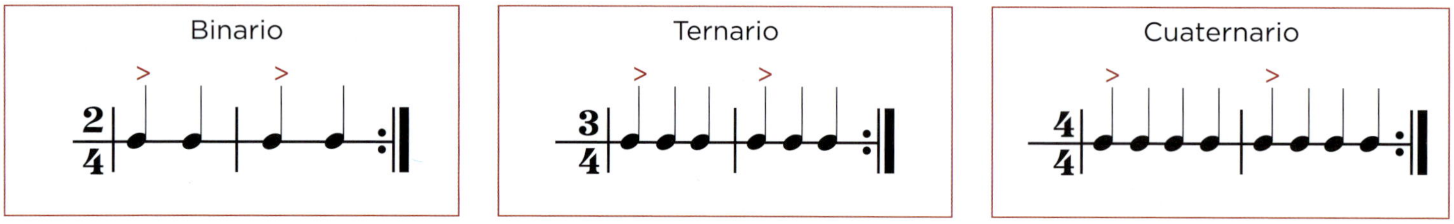

El primer compás de una frase musical comienza en **anacrusa** cuando una o varias notas se anticipan a él. Por ejemplo:

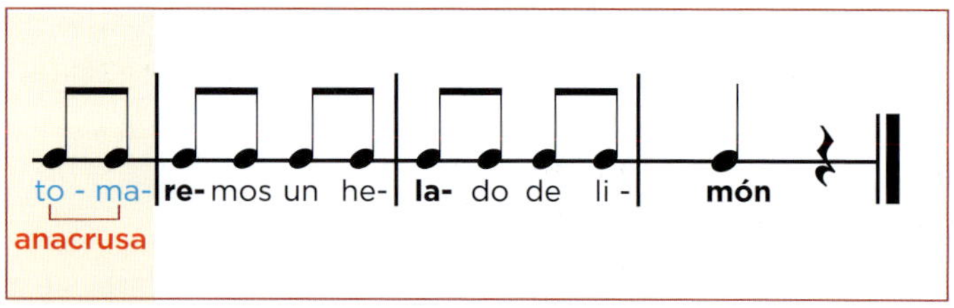

La **línea divisoria** o de compás se utiliza para separar un compás de otro; y la **doble barra,** para finalizar un fragmento.

Observa en la partitura cómo se representan los compases y la utilidad de las líneas divisorias.

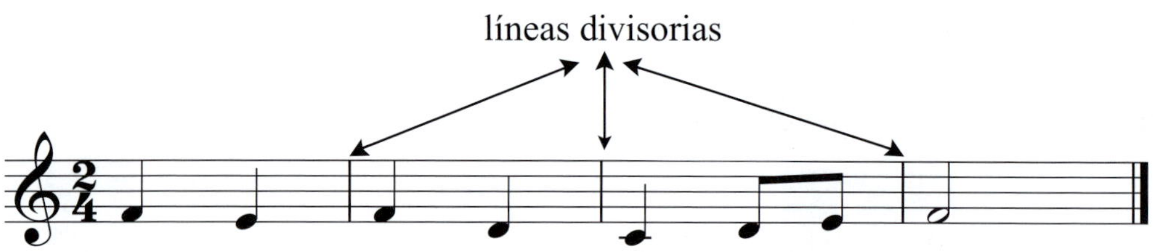

Escucha, comprueba, reflexiona...

«Quinto movimiento vivace», *Concerto Grosso en Sol menor,* de A. Corelli.

1 Escucha atentamente la audición y percibe el acento natural del compás. Marca los pulsos con un suave golpe en la mesa, dando un golpe más fuerte en el acento.

2 Indica cada cuántos pulsos se repite el acento en la audición. Identifica qué compás ha utilizado el compositor.

1.3 El tempo

En música, la velocidad entre los pulsos puede variar dependiendo de la rapidez o la lentitud con la que se interprete la obra. A esa velocidad con la que se interpreta una composición la llamamos **tempo.**

El tempo se indica con unos términos en italiano situados al comienzo de la partitura.

El **tempo** es la velocidad con la que se ejecuta una obra musical. Existen tempos lentos, tranquilos y rápidos.

El rincón TIC

Busca una aplicación para un móvil o una tablet que altere la velocidad de una canción. Prueba en grupo jugar con el tempo de tus canciones favoritas.

Tempo lento

Grave, largo, adagio...

Tempo tranquilo

Andante, moderato...

Tempo rápido

Allego, presto, vivace...

La forma más exacta de medir el tempo es utilizar el **metrónomo.** Este aparato, creado por Maelzel, marca el número de pulsos por minuto. Produce de forma regular una señal acústica o vocal que permite a los músicos seguir el pulso del compás. Si el metrónomo marca, por ejemplo, 40 pulsos por minuto, el tempo es lento; sin embargo, si marca 120 pulsos, el tempo será rápido.

Escucha, comprueba, reflexiona...

Audición 1: «Primer movimiento», *Concierto para dos mandolinas en Sol mayor,* de A. Vivaldi.

Audición 2: «Segundo movimiento», *Concierto de Brandemburgo n.º 1 en Fa mayor,* de J. S. Bach.

1 Escucha atentamente las dos audiciones e identifica el tempo en cada una.

2 Localiza los acentos naturales para determinar qué tipo de compás utiliza cada audición.

Comprende, piensa, aplica...

1 Busca frases que tengan los acentos cada dos, tres y cuatro sílabas y escríbelas en tu cuaderno.

2 Dibuja en tu cuaderno el signo que se utiliza para indicar que una nota se acentúa.

3 Escribe la definición de compás.

4 Indica cada cuántos pulsos se repiten los acentos en los compases ternarios y en los cuaternarios.

5 Define el tempo musical.

6 Explica en tu cuaderno cómo se indica el tempo en una partitura.

1.4 Las variaciones en el tempo

La indicación inicial de tempo puede variarse en un determinado momento de la obra, y, después, recuperar el tempo original.

Las variaciones son **ritardando** (rit), que indica disminuir progresivamente el tempo; y **accelerando** (accel), que, al contrario, marca que el tempo debe ir aumentando.

El signo llamado **calderón** (𝄐), escrito encima o debajo de una nota, señala que se suspende la medida del compás y la nota queda sonando un poco más. Suele utilizarse para finalizar la obra o una sección.

Escucha, comprueba, reflexiona...

Danza húngara n.º 6 en Re mayor, de J. Brahms.

1 Escucha la audición y marca la pulsación con un lápiz suavemente sobre la mesa. Observa el punto situado sobre algunas notas. Se trata del stacatto, e indica que la nota ha de acortarse respecto a su valor original.

2 Identifica el tempo de la composición.

Practica el lenguaje musical

Con figuras

1 Fíjate en los siguientes fragmentos rítmicos y observa que están construidos con las mismas figuras; sin embargo, el compás en el que deben ejecutarse es distinto en cada ocasión. Interprétalos con sílabas rítmicas, marcando de forma especial el acento del compás.

1

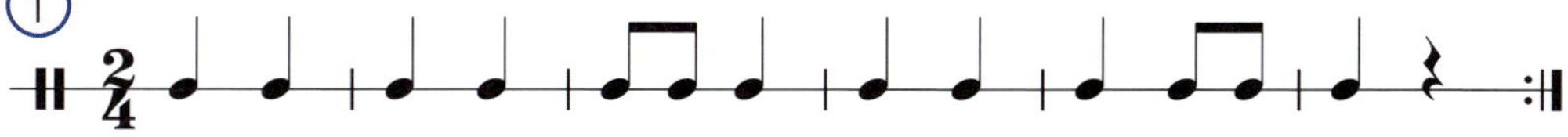

2

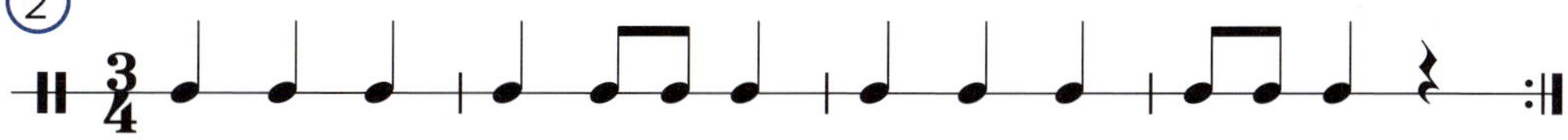

3

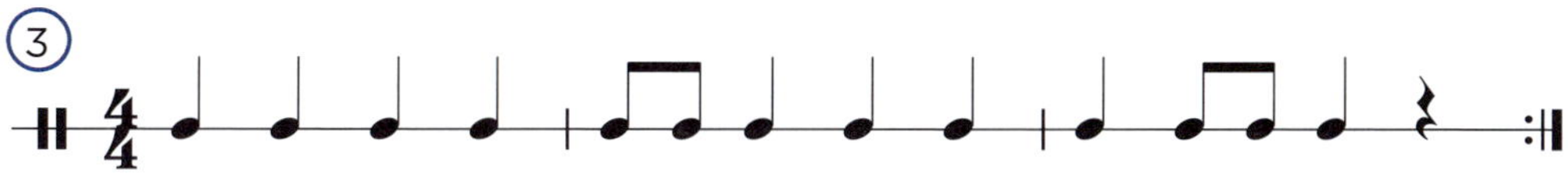

2 Interpreta los siguientes fragmentos con sílabas rítmicas y percusión corporal. Presta atención para no perder el pulso al ejecutar el comienzo en anacrusa. Ten en cuenta la repetición con diferente final.

1

2

Con notas

3 Entona varias veces los siguientes fragmentos melódicos aumentando la velocidad en cada ocasión: largo, andante, allegro. Presta atención para no perder el pulso.

4 Observa la digitación de dos nuevas notas: *do* agudo y *fa*. Después, interpreta los ejemplos a tempo medio con la flauta. Inventa las duraciones sobre la marcha.

1

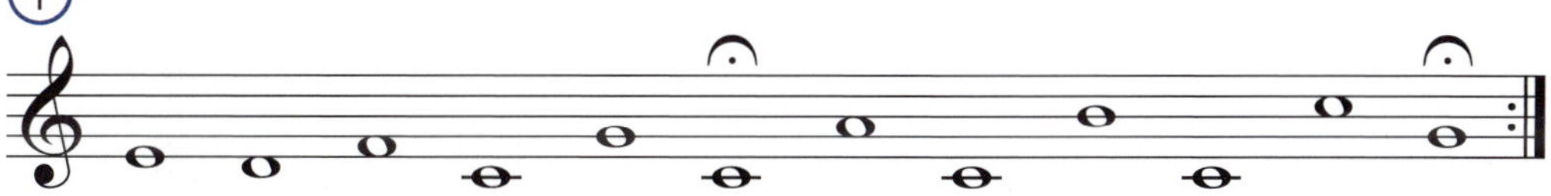

2

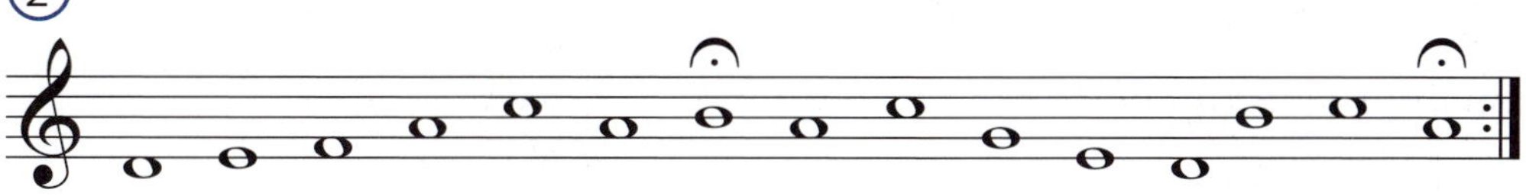

Posiciones de flauta

La nota *do* agudo

La nota *fa*

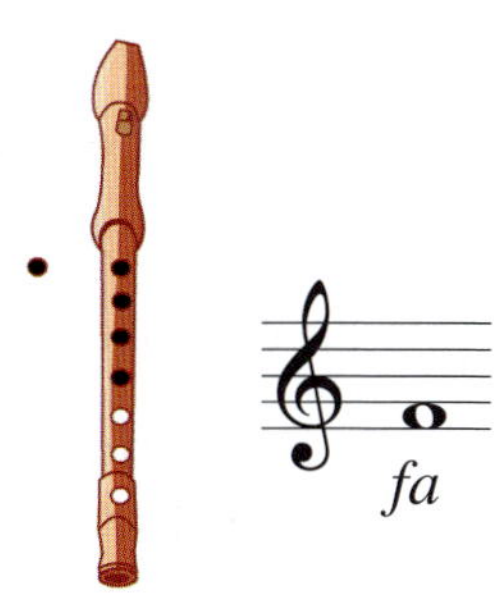

2 Escucha una cantata de Orff

2.1 Una audición con fuerza rítmica

El fragmento que vas a escuchar pertenece a la obra *Carmina Burana* (1936), de Carl Orff. Se trata de una **cantata** (obra músical para ser cantada), interpretada por uno o varios cantantes, y con acompañamiento instrumental.

El *Carmina Burana* es el nombre de una colección de trescientos poemas medievales alemanes recopilados en el siglo XIII, aunque no fueron descubiertos hasta mucho después.

Carl Orff, en el siglo XX, recopiló algunos de estos poemas y compuso una música para ellos. El resultado fue una composición para gran orquesta, voces solistas, coro mixto y coro de niños a la que llamó *Carmina Burana*. Una de las canciones es «Ecce Gratum».

La estructura del fragmento

«Ecce Gratum» es la quinta canción de las veinticinco que forman parte de *Carmina Burana.* Consta de una introducción y de dos secciones, A y B, que ser repiten dos veces.

Escucha, comprueba, reflexiona...

«Ecce Gratum», *Carmina Burana,* de Carl Orff.

1 Escucha atentamente y sigue la partitura rítmica. Observa de qué forma coinciden los pulsos con las sílabas del texto.

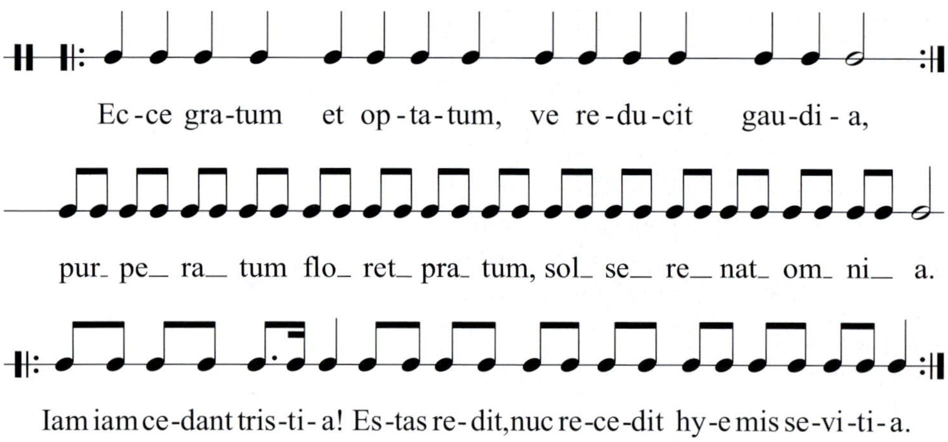

2 Marca los pulsos con un suave golpe en la mesa. Indica cada cuántos pulsos se percibe el acento natural y, por tanto, de qué compás se trata.

3 Señala en qué sílabas hay notas más largas que el pulso.

4 Especifica si todos los instrumentos ejecutan el mismo ritmo o realizan ritmos distintos.

2.2 Carl Orff

Carl Orff nació en 1895 en Múnich (Alemania). Tras finalizar sus estudios musicales, siendo aún muy joven, fue director de varios teatros de ópera alemanes.

Siempre le preocupó la enseñanza musical. Junto a su amiga, la bailarina Dorothee Günther, fundaron en 1924 la Güntherschule (Escuela Günther), un instituto donde se enseñaban danza y música.

De esta experiencia surgieron unos materiales pedagógicos, también conocidos como Método Orff, para enseñar a las personas jóvenes sin conocimientos de música, a tocar en pequeños grupos con un instrumental sencillo, el instrumental Orff.

Carmina Burana, compuesta en 1937, fue su primer gran éxito como compositor. Otras obras similares que siguieron fueron *Catulli Carmina* (1942-43) y *Trionfo di Afrodita* (1949-1951).

Los instrumentos Orff

Se trata de instrumentos de pequeña percusión adaptados para la enseñanza musical.

Hay dos tipos:

- **De altura determinada:** carillón, metalófono y xilófono.
- **De altura indeterminada:** pandero, pandereta, claves, maracas, triángulo, sonajas...

Orff y la música del siglo XX

Orff compuso todas sus obras en la primera mitad del siglo XX. En esta época, la música sufrió grandes cambios. Surgieron nuevos estilos musicales muy diferentes entre sí, que se sucedieron con rapidez.

Los nuevos estilos tienen en común su ruptura con la música que se había hecho hasta entonces. Algunos de estos estilos son: el impresionismo, el expresionismo, el dodecafonismo, el neoclasicismo o la música concreta.

Carl Orff obtuvo el reconocimiento y la fama cuando dio a conocer su más célebre obra, *Carmina Burana.*

Comprende, piensa, aplica...

1. Indica qué es una cantata.
2. Señala cuántas secciones tiene la composición «Ecce Gratum».
3. Especifica el período en que Carl Orff desarrolla su labor compositiva.
4. Indica qué ideó Carl Orff que sirvió para interpretar música en los centros escolares.
5. Realiza un breve trabajo de investigación sobre las características de la música vocal durante el siglo XX.

Taller de interpretación

Interpreta una cantiga medieval

En el siglo XIII en la música eran habituales las cantigas, que son unas composiciones poéticas destinadas al canto, cuya temática más habitual era el amor, aunque también abundaban los temas religiosos. El rey Alfonso X el Sabio recopiló más de cuatrocientas cantigas en honor de la Virgen María, conocida con el nombre de *Cantigas de Santa María.*

En aquellos tiempos, la notación musical era muy básica. En la recopilación de las cantigas solo está indicada la altura de las notas. No hay datos, entre otros, ni de la duración, ni del ritmo, ni de la forma, ni de qué instrumentos las tocan.

En la actualidad, para poder ejecutarlas, los músicos deben aportar sus conocimientos histórico-musicales y su creatividad. Así ha ocurrido en la versión que vas a interpretar de la *Cantiga 213.* Para su preparación, sigue esta secuencia de trabajo.

Tacet

Tacet es un término musical que indica que un instrumento o voz no debe intervenir durante un tiempo.

Cuando un *tacet* va acompañado de «1.ª vez» indica que, de las dos veces que se toca el fragmento, el intérprete no participará en la primera repetición.

Prepara la melodía

1 Interpreta con sílabas rítmicas y percusión corporal las siguientes figuras.

①
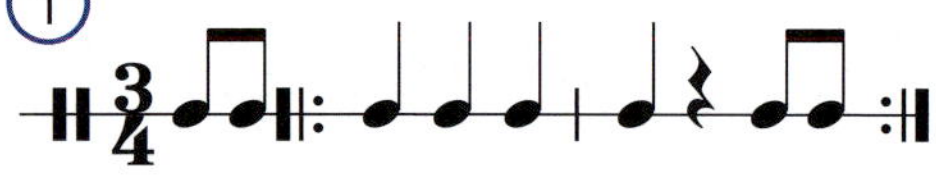

②

2 Entona los fragmentos siguientes para adquirir soltura con las notas y con las figuras utilizadas en la partitura. Hazlo con una vocal, por ejemplo, la *a.*

①
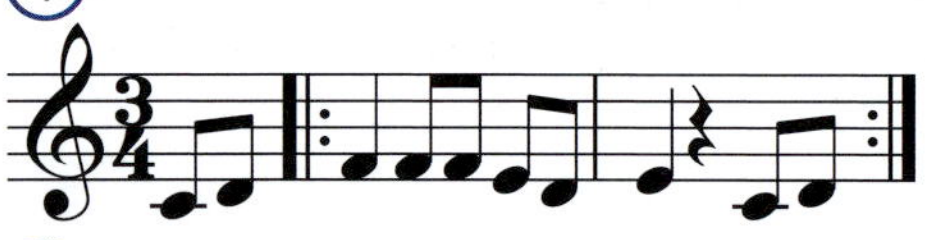

②

③

Prepara el acompañamiento

1 Practica con sílabas rítmicas y percusión corporal los fragmentos que siguen. No pierdas el pulso al interpretar los compases que comienzan en anacrusa.

①
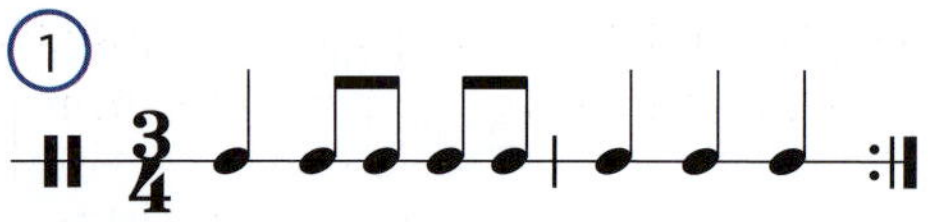

②

③

④

«Quen serve Santa Maria», *Cantiga 213*

I A B A' A B A' A Voz

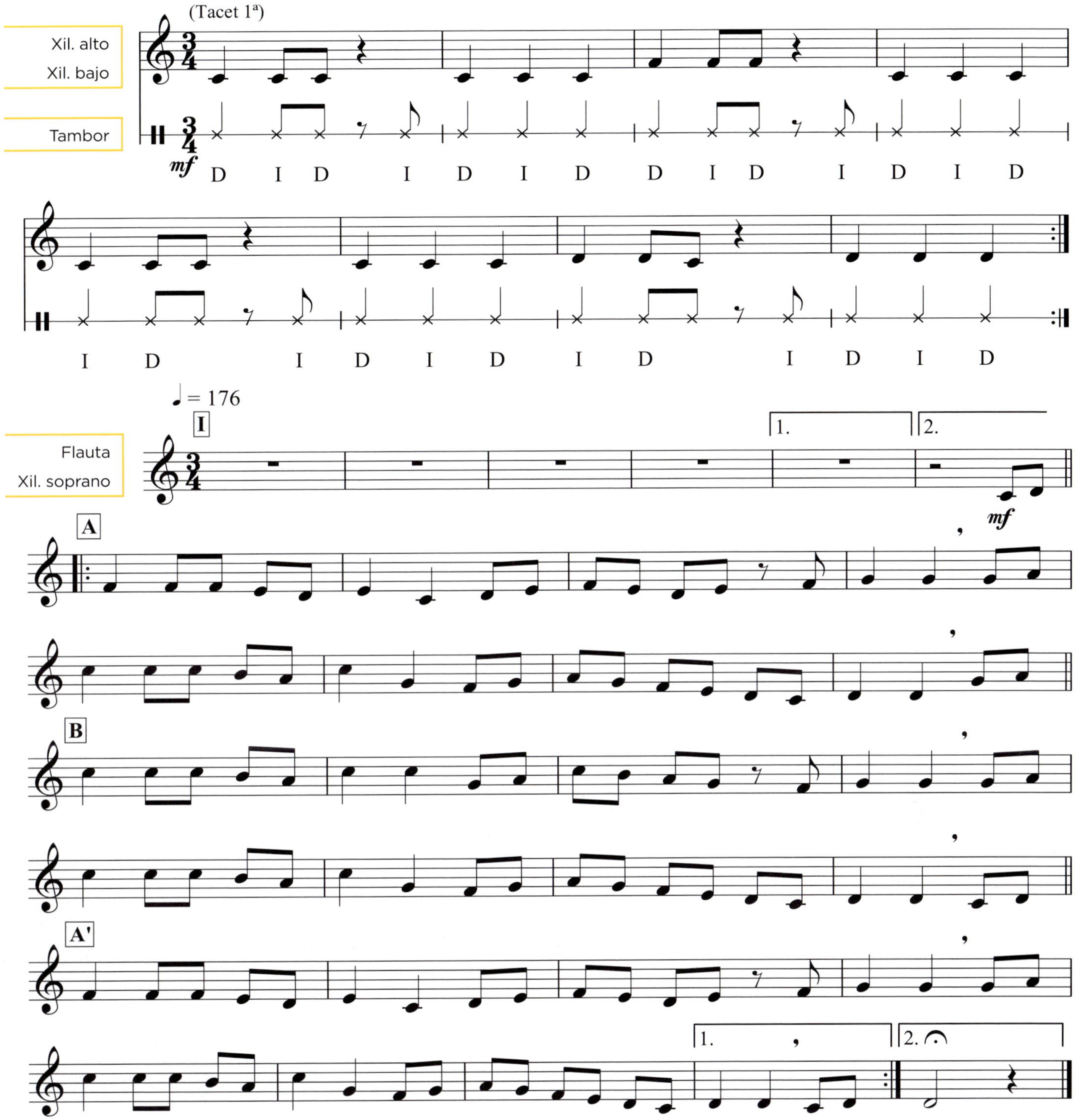

Quen serve Santa Maria, a Sennor mui verdadeira,
de toda cousa o guarda que lle ponnan mentireira.

Ele, pois foi na eigreja, deitou-ss' enton mui festo
ant' o seu altar e disse: «Madre do Vell' e Meno»,

que te does dos coitados, doe-te de mi mesquo,
Sennor, tu que es dos santos espello e lumeira;

Experimenta con la danza

El ballet es una representación teatral basada en la música y en la danza. Su origen está en Francia a finales del siglo XVI. En los primeros momentos, el ballet se ejecutaba durante los banquetes. Hoy en día, tienen lugar en grandes teatros.

Uno de los grandes compositores de música para ballet es Piotr Chaikovsky. Entre sus obras más conocidas destacan *El lago de los cisnes* y el *Cascanueces*.

La danza que proponemos es la danza rusa «Trepak», perteneciente al ballet *Cascanueces*. La música está estructurada en dos secciones dobles (AA, BB'), más una sección simple similar a la primera, A'.

Practica

A A B B' A'

«Danza Trepak», *Cascanueces,* de Chaikovsky.

Posición inicial

Formad dos o más círculos concéntricos, sujetos de las manos y con los brazos alzados.

Secciones A

a) Dos pasos laterales hacia la derecha y dos hacia la izquierda, volviendo a la posición inicial.

b) Dos pasos adelante, empezando con el pie derecho, y dos pasos atrás, volviendo a la posición inicial.

Secciones B y B'

Deshaced el círculo y, a paso de marcha, caminad por el espacio del aula.

Sección A'

Volved a organizaros en círculos y repetir los mismos pasos de la sección A, volviendo a la posición inicial.

Trabaja con lo aprendido

Comprueba

1 Explica qué señala el acento natural en un compás.

2 ¿Cuáles son los tipos de compás más utilizados? Escribe en tu cuaderno un ejemplo de cada uno de ellos.

3 Indica cuándo se dice que un compás comienza en anacrusa.

4 ¿Para qué se utiliza el signo de calderón?

5 Escribe algunos de los términos que se emplean para indicar el tempo lento en la música.

6 Copia en tu cuaderno esta partitura y escribe en ella los signos siguientes. Después, entónala.

Practica

7 ¿Cuál es el tiempo mínimo en el que puedes decir, entonadas, los nombres de estas notas?

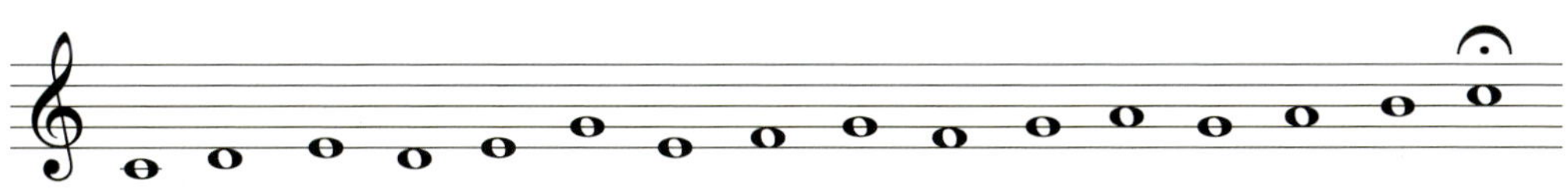

Crea

8 Lee la partitura de la actividad anterior aplicando un ritardando, primero, y un accelerando, después. Indica cuál crees que ha sonado mejor.

Investiga

9 Busca información en Internet sobre el metrónomo de Maelzel. Investiga sobre los actuales metrónomos electrónicos y los metrónomos *on-line*. Escribe una breve redacción sobre todo ello.

10 En tus celebraciones familiares de las fiestas navideñas, ¿cuáles son los villancicos más cantados? Escribe la letra de alguno de ellos.

Comenta

11 El gran compositor Johannes Brahms manifestó una vez su rechazo por el empleo del metrónomo diciendo: «Mi sangre no puede entenderse con una máquina así». ¿Qué crees que trataba de expresar Brahms con esa afirmación?

Metrónomo de Maelzel

Crear una canción

emprender aprender

Para crear una canción, se requiere un letrista (que escribe el texto) y un compositor (que inventa la melodía y los acordes).

A continuación, puedes ver la partitura de la canción *Me quedo en esta fiesta,* de Eva F. Gancedo. Se trata de que crees una letra diferente que encaje correctamente en la partitura.

Escucha la versión

1 Escucha atentamente la canción para familiarizarte con la melodía.

2 Observa en la partitura la relación del texto con las notas: cada sílaba queda exactamente debajo de la nota que le corresponde.

3 Copia en tu cuaderno de pentagramas la melodía sin la letra.

Creatividad y originalidad

4 Escribe una letra con la temática que quieras, que encaje bien en la melodía, situando cada sílaba debajo de la nota adecuada.

5 Escucha de nuevo la melodía mientras cantas tu nueva letra. Comprueba que letra y melodía ajustan.

Puesta en común

6 Seleccionad entre todos los compañeros algunas nuevas canciones e interpretadlas ante los demás.

Con mis dos compañeros,
buscando a un amigo,
entramos allí.
¡Perdón! Me he equivocado.
No era este el sitio
al que iba yo a ir.

¡Pasa, pasa! No importa.
Estáis invitados.
Quedaos aquí.
Esta música mola,
suena en la gramola.
La bailan así.

¡Yo me quedo
en esta fiesta!
¡Ya no hay fiestas
como esta!

4

Un mundo de melodías

La idea musical

Al igual que un escritor cuando quiere expresar una idea utiliza las palabras para formar frases y constituir párrafos, el compositor expresa una idea musical utilizando los sonidos, que unidos en frases musicales, genera melodías.

Veo, pienso, me pregunto... Después, **comparto.**

1. Cómo es una obra musical sin melodías.
2. Qué ejemplos podemos dar de una obra de ese tipo.
3. Qué podemos hacer para crear una melodía.

1 Altura y melodía

1.1 La altura del sonido

En nuestro entorno están presentes gran cantidad de sonidos agudos y graves. Sonidos como la sirena de una ambulancia, el timbre de una casa, el motor de un camión o el ladrido de un perro... tienen una cualidad que los distingue: su diferente altura.

Recuerda que la **altura** o tono es la cualidad del sonido que indica si un sonido es **agudo** (alto) o **grave** (bajo). Se representa en la partitura por la situación de las notas en el pentagrama.

La altura del sonido es fundamental en la música, ya que la combinación de sonidos de distintas alturas forma la melodía de una obra.

La altura y la frecuencia del sonido

La altura viene dada por la frecuencia, que es el número de veces por segundo que vibra el objeto que produce el sonido. Así, a mayor número de vibraciones más agudo es el sonido y a menor número, más grave.

La altura es la **frecuencia** de la vibración del sonido y se mide en hercios (Hz).

El ser humano no percibe todas las frecuencias. El oído capta los sonidos cuyas frecuencias están comprendidas entre los 20 Hz y los 20 000Hz. Fuera de estos límites, la frecuencia de la vibración del sonido no se puede percibir.

Los sonidos situados fuera del umbral auditivo son los infrasonidos (sonidos muy graves de baja frecuencia) y los ultrasonidos (sonidos muy agudos de alta frecuencia).

El oído de los animales

Gran número de animales poseen un oído mucho más agudo que los seres humanos.

Mientras que nosotros percibimos sonidos de hasta 20 000 Hz, el oído de los perros, por ejemplo, es capaz de percibir sonidos de alta frecuencia, de hasta 60 000 Hz.

1.2 La representación gráfica de la altura

La altura del sonido se representa mediante notas escritas sobre el pentagrama. Para leerlas o escribirlas hay que atender a la colocación de la cabeza de la nota, pues puede estar situada en una línea o en el espacio que hay entre dos líneas.

La altura de los sonidos se representa en música mediante las **notas** que se escriben sobre el pentagrama.

Las notas también se pueden representar fuera del pentagrama con la ayuda de las **líneas y espacios adicionales.** Estas líneas y espacios permiten ampliar el pentagrama, tanto para los sonidos agudos como para los graves.

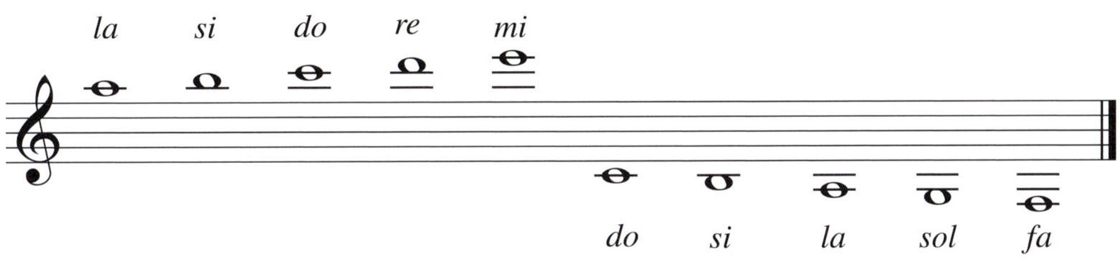

La clave musical

El nombre de las notas depende de un signo colocado al principio del pentagrama llamado **clave.** Existen tres claves:

Clave de *sol*

Clave de *fa*

Clave de *do*

En la Edad Media el pentagrama y las figuras musicales eran muy distintas a las que conocemos hoy.

Comprende, piensa, aplica...

1 Indica a qué cualidad del sonido nos referimos cuando hablamos de sonidos graves y agudos.

2 Identifica y escribe en tu cuaderno tres sonidos graves y tres agudos que escuches a tu alrededor.

3 Define qué es la frecuencia de un sonido y cómo se mide.

4 Indica con qué signos se representa musicalmente la altura del sonido.

5 Nombra las siguientes notas lo más rápido posible. Prueba varias veces; y, al final, hazlo tapando los nombres.

1.3 La melodía

La **melodía** es el resultado de combinar las notas y las figuras musicales.

La melodía es uno de los elementos principales de la obra musical, junto con la armonía (acordes) y el ritmo.

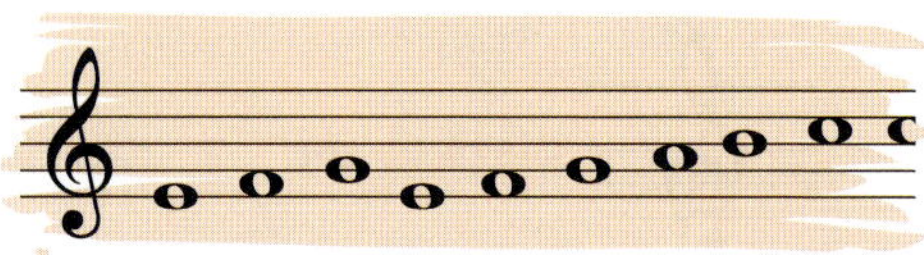

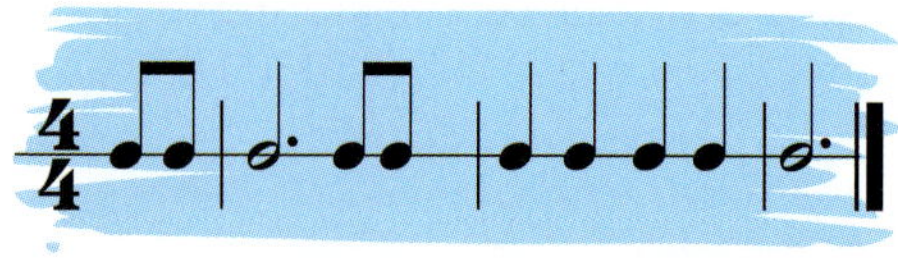

Una combinación de notas

Una combinación de figuras

Forman una melodía

Al igual que en el lenguaje verbal se distinguen sílabas, palabras, frases, etcétera, en el lenguaje musical se distinguen motivos, frases, melodías, etc.

Investiga

«Un bel di vedremo» de la ópera *Madame Butterfly,* de G. Puccini. Escuchando el aria apreciarás la belleza de la melodía interpretada por una soprano.

Tears in heaven, de Eric Clapton. En esta canción, apreciarás la melodía que interpreta Eric Clapton acompañada de otra melodía, realizada por una guitarra acústica.

Escucha, comprueba, reflexiona...

Danza de los cisnes, de Chaikovsky.

1 Observa y escribe en tu cuaderno la melodía del tema principal de la *Danza de los cisnes.*

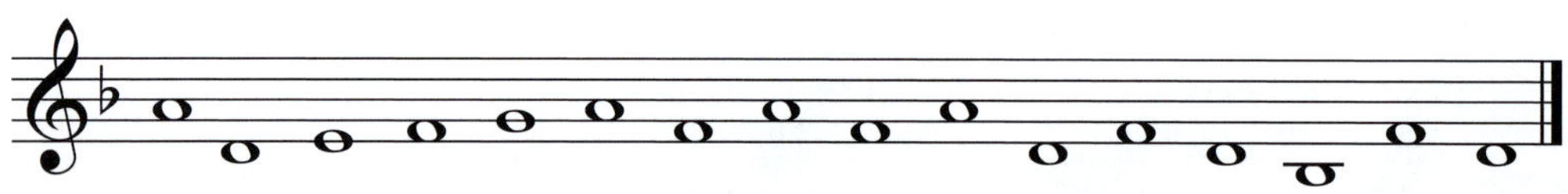

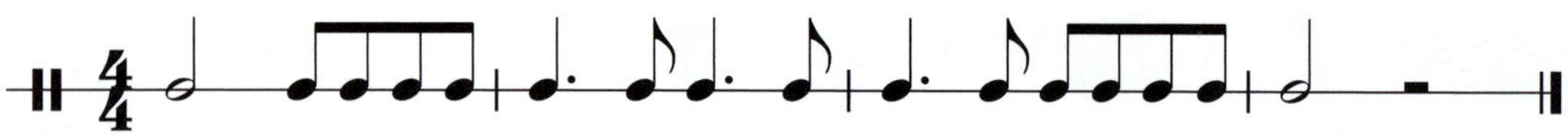

2 Escucha ahora la audición y sigue la melodía del tema principal en la partitura que has escrito anteriormente.

1.4 El motivo melódico

El motivo melódico es la unidad más pequeña con la que trabaja un compositor, después de las notas. El motivo es el material básico con el que se contruyen las frases musicales.

Un **motivo melódico** es un conjunto de notas que tiene sentido musical por sí mismo y que sumado a otros, forma frases musicales.

Escucha, comprueba, reflexiona...

«The dance of the blessed spirits», ópera *Orfeo y Eurídice,* de G. Gluck.

1 Observa la partitura del motivo melódico de la audición. Escucha atentamente y trata de identificarlo.

2 Escribe en tu cuaderno de pentagramas el motivo melódico y después, crea un segundo motivo con la misma estructura rítmica. Interpreta con un instrumento de láminas o con tu flauta.

El rincón TIC

Con el micrófono de un móvil o de una tablet graba con tu voz una frase musical y asígnale un estilo con una aplicación de composición, que musicalice dicha melodía. En grupo, comparte el resultado con tus compañeros.

1.5 La frase musical

Una **frase musical** es una melodía que consta de varios motivos melódicos que tienen un sentido completo.

Para crear las frases musicales, el compositor puede repetir el mismo motivo o transformarlo cambiando figuras, añadiendo o suprimiendo notas, etc.

Las frases musicales suelen estar delimitadas por un silencio o una respiración.

Escucha, comprueba, reflexiona...

«La gallina», *Sinfonía 83,* de Joseph Haydn.

1 Escucha atentamente y responde: ¿Cuántos compases ocupa la primera frase musical? ¿Y la segunda?

2 Encuentra en la partitura los compases que no son iguales en las dos frases. Escríbelos en tu cuaderno.

1.6 La textura musical

Llamamos textura a la manera en que están entrelazados los diferentes hilos que componen una tela. Puede haber tejidos de textura fina, rugosa, compacta, suelta...

En música, la textura es el modo en que están dispuestos los diferentes elementos de la composición.

La **textura** es la manera de entrelazar las melodías dentro de una composición musical.

Las principales texturas son la monódica y la polifónica.

- La **textura monódica** está compuesta por una sola melodía, sin que otros sonidos distintos suenen a la vez. Un ejemplo de este tipo de textura es el canto gregoriano medieval.
- La **textura polifónica** está compuesta por varias melodías que suenan a la vez y se superponen. Desde finales de la Edad Media, la mayor parte de la música occidental es de textura polifónica.

Escucha, comprueba, reflexiona...

Audición 1: «Cruda amarilli», *Quinto libro de madrigales,* de Claudio Monteverdi.

Audición 2: *Victimae paschali laudes,* música religiosa medieval.

1 Escucha con atención las audiciones y reconoce si se trata de una textura monódica o polifónica.

2 Escribe una diferencia y una similitud que encuentres al escuchar, de manera consecutiva, ambas audiciones.

El madrigal es una forma vocal polifónica que surgió en el Renacimiento italiano. En la imagen, pintura veneciana del siglo XVI, que representa a tres cantantes interpretando un madrigal.

Investiga

Puer natus est, canto gregoriano. Podrás escuchar un coro masculino entonando una melodía de textura monódica, sin acompañamiento instrumental.

«Dies irae» de la *Misa Requiem en Re menor K 626,* de Wolfang A. Mozart. Se trata de una obra de textura polifónica para coro y orquesta.

Practica el lenguaje musical

Los **signos de prolongación** permiten que una nota amplíe su duración.

Los signos de prolongación son dos: la ligadura y el puntillo.

- La **ligadura** es una línea curva (‿) que une dos figuras de la misma altura. Suma la duración de las notas ligadas.
- El **puntillo** es un punto (•) que se coloca a la derecha de una figura musical. Suma a esta figura la mitad de su duración.

Existe otro tipo de ligadura que no es de prolongación. Se trata de la **ligadura de expresión,** que une dos o más notas de distinta altura y que señala la extensión de la frase musical.

Signos de prolongación

Ligadura

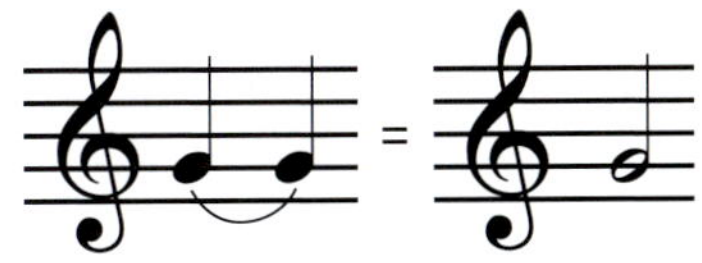

Puntillo

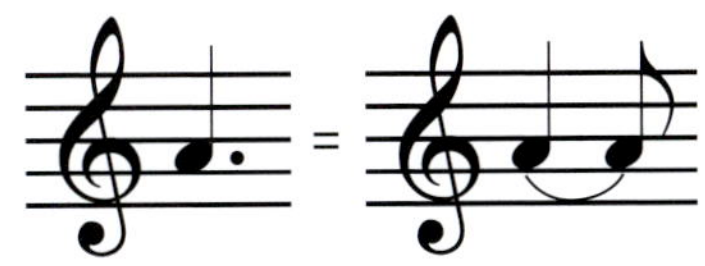

Con figuras

1 Interpreta los fragmentos con sílabas rítmicas y percusión corporal. Presta especial atención a los signos de prolongación para no perder el pulso.

2 Interprétalos, de nuevo, con un instrumento de percusión. Si quieres, puedes acompañarte con una base rítmica de tu CD, pero ten en cuenta su compás.

(1)

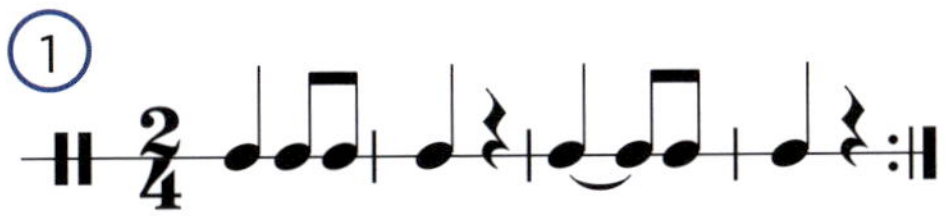

(2)

(3)

(4)

Con notas

Observa la digitación de una nueva nota: *re* agudo.

3 Interpreta los siguientes fragmentos con tu flauta dulce para adquirir mayor soltura en la digitación de las notas. Puedes hacerlo sobre una base rítmica en compás cuaternario.

(1)

(2)

4 Toca de nuevo el primer pentagrama e inventa las duraciones sobre la marcha.

Posición de flauta

La nota *re* agudo

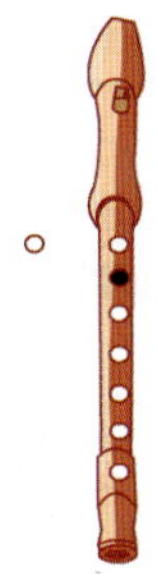

2 Escucha una sonata

2.1 Una audición con aires turcos

El fragmento que vas a escuchar es el «Rondó alla turca» perteneciente a la *Sonata para piano n.º 11, en La mayor,* del compositor Wolfgang Amadeus Mozart (1756-1791). Se denomina «alla turca» porque imita el sonido de las bandas turcas, música que gustaba mucho en esa época.

Durante el clasicismo, la sonata fue la forma musical más utilizada por los compositores para exponer sus ideas.

La **sonata** es la forma musical basada en la exposición, desarrollo y reexposición de una melodía principal denominada tema.

Compositores como Mozart, Haydn o Beethoven dieron a la sonata su estructura definitiva en tres movimientos: rápido, lento, rápido.

La estructura del fragmento

«Rondó alla turca» está incluido dentro del tercer y último movimiento de la composición (rápido). Posee una forma denominada rondó.

El **rondó** es una forma musical que consta de una sección fija (A) que se repite, alternando con otras secciones totalmente diferentes que contrastan con ella, de esta manera: A,B,A,C,A...

Escucha, comprueba, reflexiona...

«Rondó alla turca», *Sonata para piano n.º 11, en La mayor,* de W. A. Mozart.

1 Escucha atentamente la audición mientras sigues el tema principal (A) que aparece en la partitura.

2 Observa la partitura y escribe en tu cuaderno los motivos melódicos que componen el tema principal.

3 Trata de reconocer el tema principal y cada vez que suene, da una palmada en cada uno de los pulsos.

2.2 Wolfgang Amadeus Mozart

Wolfgang Amadeus Mozart nació en 1756 en Salzburgo (Austria). Fue un niño prodigio. Con solo tres años ya interpretaba piezas en el piano, y con doce compuso su primera ópera.

Su padre, Leopold, violinista y compositor, educó musicalmente a su hijo Wolfgang y a su hija Nannerl que junto a él recorrieron las principales cortes europeas, donde conocieron a grandes maestros como Haydn.

Es considerado uno de los grandes genios de la música clásica. Sin embargo, su brillante carrera musical se vio truncada prematuramente. Murió en 1791, a los 35 años, en Viena (Austria) en la más absoluta pobreza.

Mozart compuso para todos los géneros y formas musicales de la época: sinfonías, cuartetos, conciertos, óperas... Entre sus obras destacan *Las bodas de Fígaro, La flauta mágica* y *Elvira Madigan* (Concierto para piano y orquesta n.º 21).

Mozart y el clasicismo

W. A. Mozart compuso todas sus obras durante la época del clasicismo. Este período se desarrolló a lo largo de la segunda mitad del siglo XVIII.

La música del clasicismo se caracteriza por ser elegante y agradable, de melodías sencillas, de frases claras y de ritmo regular. Las formas musicales más utilizadas son la sonata, el concierto y la sinfonía.

Escena de Mozart dirigiendo a la orquesta, perteneciente a la película estadounidense *Amadeus* (1984), dirigida por Milos Forman.

Comprende, piensa, aplica...

1 Define qué es una sonata e indica de cuántos movimientos se compone.

2 Señala cuál es la estructura de un rondó.

3 Escribe quién educó musicalmente a Mozart.

4 Indica en qué siglo se desarrolló el clasicismo.

5 Realiza en grupo un breve trabajo de investigación sobre la vida y la obra de Mozart: sus años de formación, sus primeras composiciones, sus obras más representativas...

Taller de interpretación

Interpreta *Scarborough Fair*

La composición que vas a aprender, *Scarborough Fair,* es una antigua canción inglesa de autor desconocido. Su forma es estrófica, es decir, es una canción sin estribillo, que consiste en una estrofa que se repite una y otra vez cambiando la letra, como en los romances.

Prepara la melodía

1 Fíjate y aprende la escala básica de la melodía.

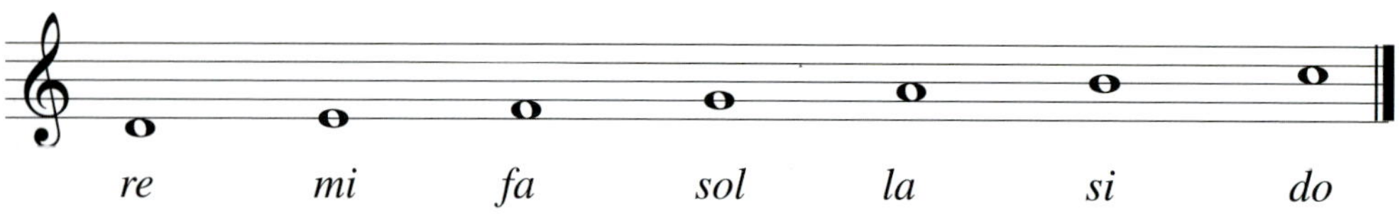

2 Interpreta los siguientes fragmentos con un instrumento melódico para ir conociendo y ensayando la base melódica de la canción.

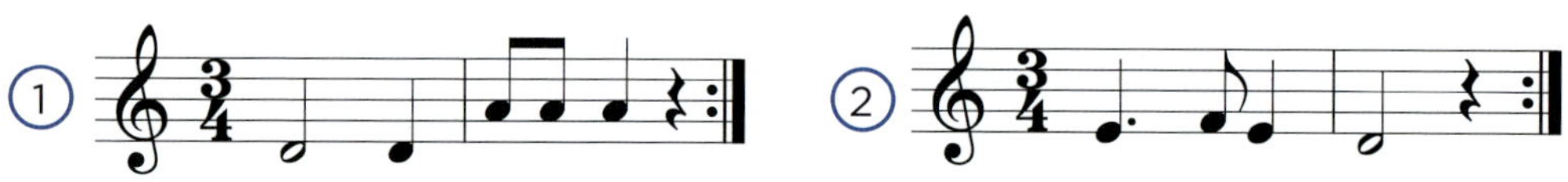

3 A continuación, interpreta este sencillo fragmento. Marca y siente el silencio con el que comienza el compás.

Prepara el acompañamiento

1 Practica con sílabas rítmicas y percusión corporal los siguientes fragmentos.

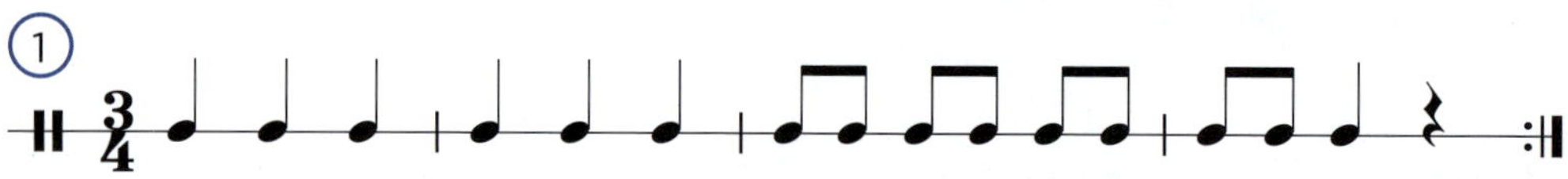

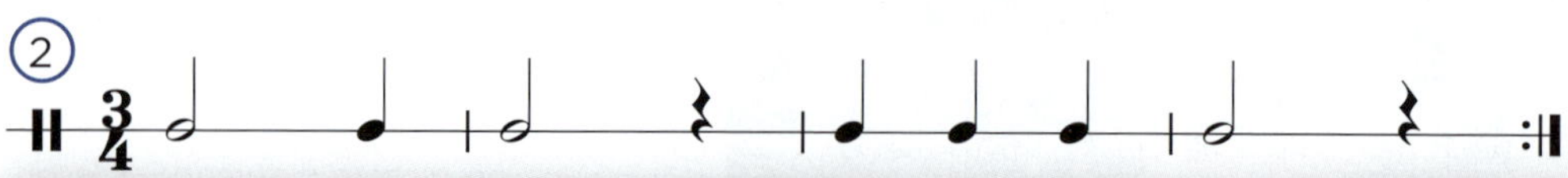

El cifrado de acordes

El cifrado consiste en emplear letras mayúsculas para representar los acordes.

5 Scarborough Fair

Popular / Eva F. Gancedo

I A₁ A₂ A₃ A' (instr.) A₄ Coda

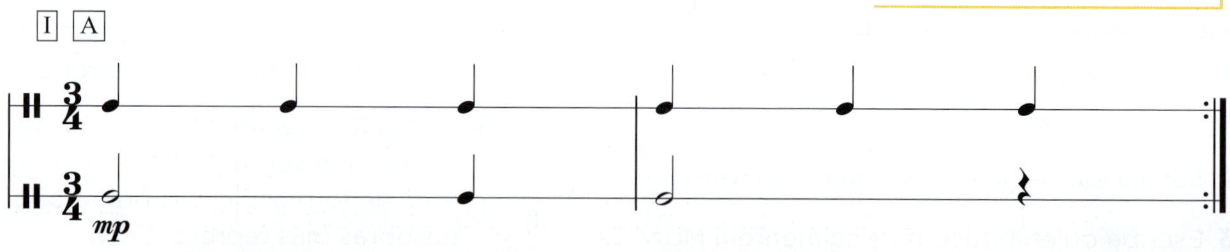

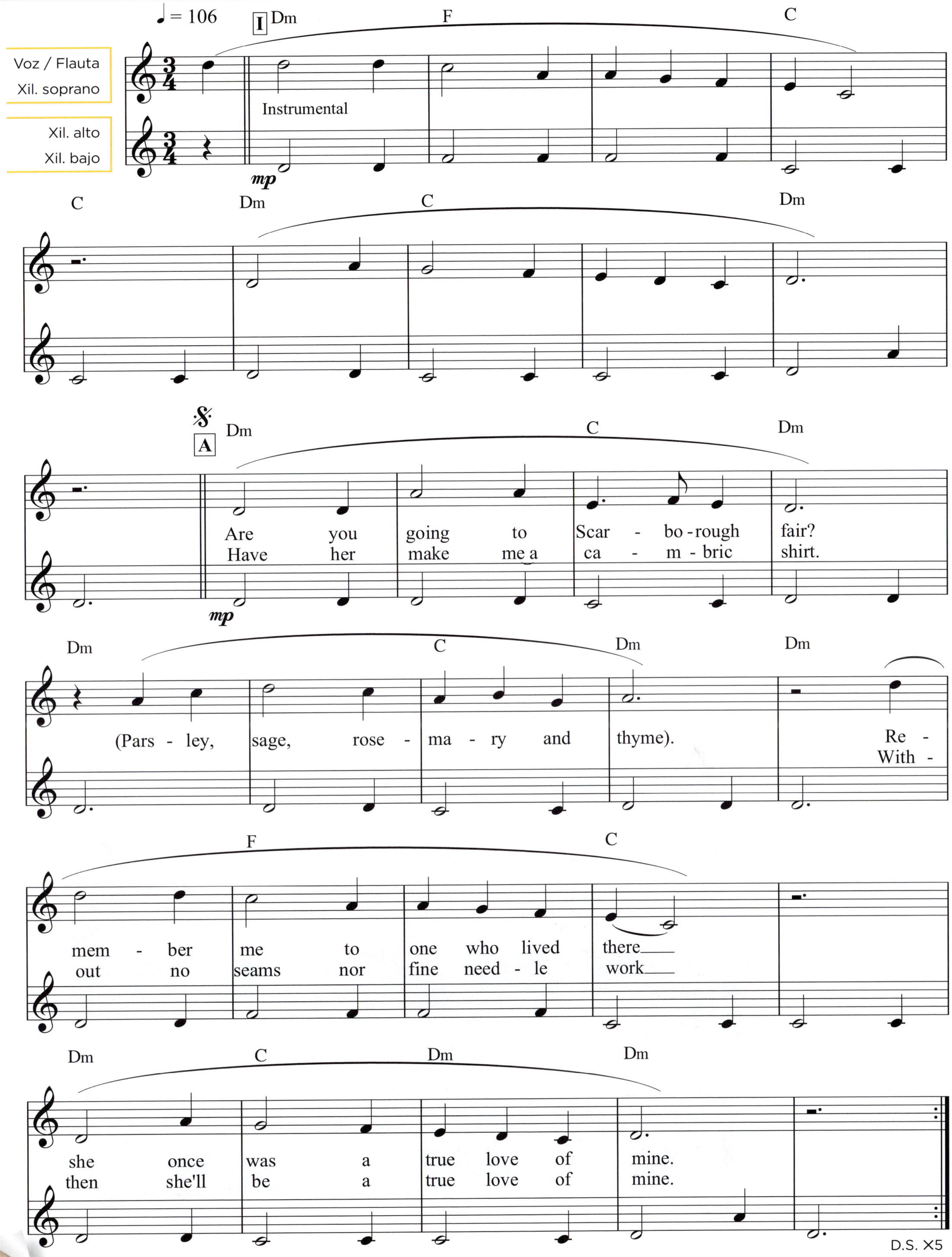
♩ = 106
Voz / Flauta
Xil. soprano
Xil. alto
Xil. bajo
I
Dm F C
Instrumental
mp
C Dm C Dm
A
Dm C Dm
Are you going to Scar - bo - rough fair?
Have her make me a ca - m - bric shirt.
mp
Dm C Dm Dm
(Pars - ley, sage, rose - ma - ry and thyme). Re -
With -
F C
mem - ber me to one who lived there
out no seams nor fine need - le work
Dm C Dm Dm
she once was a true love of mine.
then she'll be a true love of mine.
D.S. ×5

Hoy toca... el piano

El piano es un instrumento de cuerda percutida que apareció a comienzos del siglo XVIII. Su creador, Bartolomeo Cristofori, era fabricante de clavicordios, que eran los teclados de entonces. En ellos no se podía modificar la intensidad del sonido.

Construyó un instrumento similar, que podía producir sonidos suaves y fuertes. Se le llamó pianoforte, y es el que en la actualidad conocemos como piano.

En el piano, los sonidos los producen unos macillos que golpean cuerdas afinadas. Estos macillos, a su vez, son movidos al accionar cada tecla con los dedos.

Este instrumento tuvo mucha importancia en el Romanticismo (s. XIX) y hoy en día es el instrumento de teclas más extendido y utilizado, pues permite tocar en casi la totalidad de estilos musicales.

Grandes pianistas de la historia

- Glenn Gould
- Ivo Pogorelich
- Sviatoslav Ritcher
- Leonard Bernstein
- Carl Czerny
- Frank Liszt
- Radu Lupu
- Maria Joao Pires

Escucha, comprueba, reflexiona...

«Castilla» *Suite española n.º 1,* de Isaac Albéniz.

1 Escucha atentamente la audición. Se trata de un fragmento para piano. Forma parte de una creación instrumental compuesta por ocho partes, cada una de ellas inspirada en melodías de diferentes regiones españolas.

2 Interioriza los pulsos de la composición y fíjate en cómo el piano interpreta el tema principal.

Trabaja con lo aprendido

Comprueba

1 Indica qué es la altura del sonido y cómo se representa en el pentagrama.

2 Dibuja y nombra en tu cuaderno los tres tipos de claves musicales que conoces.

3 Señala cuál es la unidad musical más pequeña con la que trabaja un compositor, después de las notas.

4 Define qué es la textura musical.

5 Escribe la diferencia entre la textura monódica y la textura polifónica.

6 Nombra y explica los signos de prolongación que conoces.

7 Nombra la forma musical más utilizada por los compositores del clasicismo. Indica en qué está basada esta forma.

Practica

8 Copia en tu cuaderno las siguientes figuras y vuelve a escribirlas de otra manera, utilizando ligaduras de prolongación.

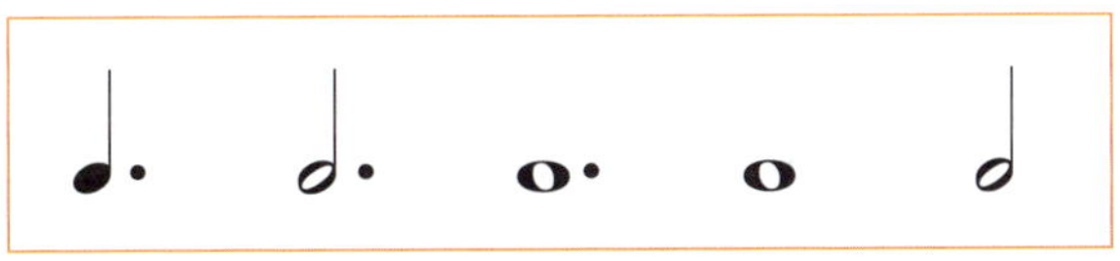

9 Observa el siguiente fragmento y cópialo en tu cuaderno. Indica, con el signo adecuado, dónde comienza y dónde finaliza cada frase musical. Después, señala en él las notas que utilizan líneas adicionales.

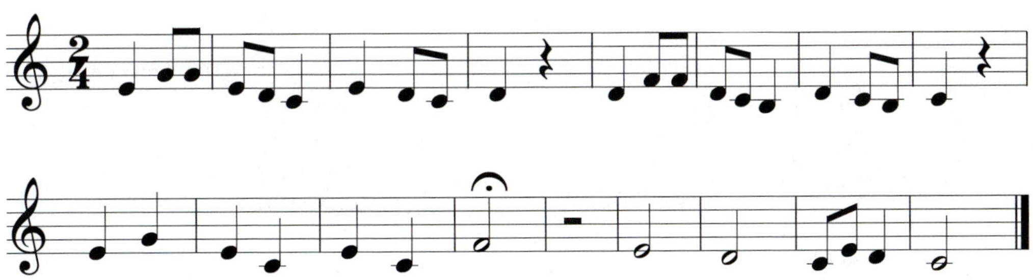

Crea

10 Escribe en tu cuaderno dos ejemplos rítmicos de cuatro compases cada uno; uno en compás binario y, el otro, en compás cuaternario, en las que utilices ligaduras y notas con puntillo.

Investiga

11 El clavicordio y el clave fueron instrumentos que precedieron al piano. Busca información en Internet sobre estos instrumentos y realiza un breve trabajo sobre cómo se producía el sonido, cuáles eran sus características, etc.

Música en todas las culturas

Los conceptos musicales que estás estudiando los puedes encontrar en las diferentes culturas del mundo. Así, por ejemplo, todas las melodías están construidas con notas que provienen de una determinada escala. A veces, estas melodías son acompañadas con instrumentos de percusión. Además, existen otras peculiaridades que son características de cada cultura musical.

A continuación, te proponemos los pasos que has de seguir para averiguar cuáles son algunas de esas otras peculiaridades.

Identifica cada cultura

1 Observa atentamente las imágenes y trata de situarlas en su entorno:

- Escribe en tu cuaderno a qué zona geográfica y cultural corresponde cada imagen.
- Explica en qué detalles te basas para llegar a esas conclusiones.

Imagina su música

2 Deduce, observando especialmente los instrumentos, lo que te plantean las siguientes escenas:

- ¿En cuáles de las escenas podrían estar sonando melodías?
- ¿En alguna de ellas sonarían acordes (armonía)? ¿Y acompañamiento rítmico?
- ¿En cuál de ellas crees que puede sonar música polifónica, con varias melodías diferentes a la vez?

Reflexiona

3 Reflexiona sobre las cuestiones que tienes a continuación y comenta en clase.

- ¿Qué semejanzas puede haber entre las cuatro culturas representadas? ¿Y qué diferencias?
- ¿Crees posible que en alguna ocasión las cuatro culturas se unieran para interpretar juntas? ¿Cuál sería su lenguaje?

1

2

3

4

5

Orden y concierto

El orden musical

Todo lo que nos rodea tiene una forma. La música también.

Las melodías, junto con otros elementos de la música, se organizan es secciones. Estas secciones forman la estructura de la composición musical: la forma musical.

Veo, pienso, me pregunto… Después, comparto.

1 Qué formas vemos en la fotografía.

2 De qué elementos están constituidas dichas formas.

3 Qué quiere decir que la música tiene forma.

1 La forma musical

1.1 La forma

Todas las cosas que nos rodean tienen su forma particular, lo que nos permite reconocerlas y diferenciarlas individualmente.

Si contemplamos un edificio, un monumento o cualquier obra de arte podemos comprobar que todos ellos tienen una forma determinada, una composición artística, que se ha realizado combinando sus elementos en el espacio.

Una misma obra de arte, igualmente, puede tener diferentes formas. Por ejemplo, la forma de la fachada de una catedral puede ser cuadrada o rectangular, tener torres o no, estar dividida en más o menos plantas....

La música también tiene una forma; pero al contrario que un edificio, una pintura o una escultura, que pueden ser contemplados por completo en un instante, para escuchar y percibir la música en toda su extensión, se necesita de tiempo, es decir, que cada una de sus partes aparezca una a continuación de otra.

Por ello, decimos que la música es un arte temporal, porque se desarrolla en el tiempo y no ocupa un espacio.

Para apreciar la forma de una composición musical hay que utilizar la memoria auditiva, para recordar si hay una sección que ya se ha escuchado, si se repite igual o si cambia algún detalle.

La forma de una composición, ya sea arquitectónica o musical, es la manera en la que están ordenadas sus diferentes secciones.

Investiga

Las formas musicales existentes son muy variadas. Te proponemos que investigues en la Red y escuches dos composiciones musicales con formas musicales muy diferentes:

- «Primer movimiento» de la *Sonata para piano n.º 16,* de W. A. Mozart. En ella apreciarás la existencia de distintas partes que conforman la forma musical.
- *Cuarteto para el fin de los tiempos,* de Olivier Messiaen. En este caso, escucharás una obra menos estructurada que la obra de Mozart.

1.2 La forma musical

La **forma musical** es la manera en la que están secuenciadas las partes o secciones de una composición musical.

Para nombrar las secciones que conforman una composición se utilizan habitualmente las letras del alfabeto en mayúsculas. De esta manera, la primera sección es A; la segunda es B, y así sucesivamente. Cuando una sección se repite, también lo hace su letra. Si la repetición no es exacta, se añade un número (A_2).

Para dar forma a una idea musical se comienza por combinar varias notas para formar un **motivo** melódico o rítmico; varios motivos se agrupan dando lugar a una **frase;** las frases forman parte de una **sección;** y diferentes secciones constituyen la **forma** de una composición.

Tipos de forma musical

Existen varios tipos de formas basadas en la repetición por secciones:

- **Forma primaria.** Está formada por una sola sección aunque esta se repita varias veces: A A A.
- **Forma binaria.** Consta de dos secciones, A y B, que dejan la obra claramente dividida en dos partes.
- **Forma ternaria.** Tiene tres secciones, A B A. Primero expone el tema A, contrasta con el tema B y termina reexponiendo el tema A.

Forma musical

- Sección A
  - Frase
    - Motivos repetidos o transformados
  - Frase
    - Motivos repetidos o transformados
- Sección B
  - Frase
    - Motivos repetidos o transformados
  - Frase
    - Motivos repetidos o transformados

Las frases musicales suelen estar delimitadas por un silencio o una respiración. Esta última no siempre se indica en la partitura, por lo que el intérprete debe establecerla para que la frase tenga sentido musical.

Escucha, comprueba, reflexiona...

«Ich will hier bei dir stehen», Oratorio de la *Pasión según San Mateo*, de J. S. Bach.

1 Escucha atentamente la audición mientras observas cómo se desarrolla su forma musical en el tiempo.

2 Señala cuál de las siguientes formas corresponde a la composición:

a) A B A   b) A B   c) A A

Comprende, piensa, aplica...

1 Explica en tu cuaderno por qué la música es un arte temporal.

2 Escribe la definición de forma musical.

3 Indica cómo se nombran las secciones de una forma musical.

4 Elige una canción actual que te guste. Escúchala con atención y escribe su forma.

a) ¿Cuántas secciones tiene la canción?

b) ¿Alguna de ellas se repite? ¿La repetición es exactamente igual?

1.3 Las formas de la música vocal

La música vocal es aquella compuesta para ser cantada. La música vocal puede llevar o no acompañamiento instrumental. Cuando lo lleva se llama música vocal acompañada, mientras que cuando no se escribe ningún acompañamiento se llama música *a capella*.

Algunas de las formas de música vocal son: la canción, la ópera y la zarzuela.

La canción

La forma **canción** se compone, principalmente, de dos secciones que se van alternando: la estrofa y el estribillo.

En la canción, las estrofas transmiten el mensaje, es decir, cuentan la historia, y el estribillo repite lo más importante.

- **Estrofas** (A): son las secciones que tienen la misma música pero distinto texto.
- **Estribillo** (B): es la sección que se repite siempre igual.

La forma canción puede tener, además, otras secciones:

- **Introducción** (I): es la sección en la que se introduce el tema.
- **Puente** (P): es la parte utilizada como transición entre secciones.
- **Solo** (S): es la sección en la que un instrumento improvisa la melodía manteniendo el acompañamiento.
- **Coda:** es la sección con la que finaliza la composición.

Existen otras formas musicales que no tienen estribillo. Se denominan **formas estróficas,** ya que una estrofa sucede a otra. Así ocurre, por ejemplo, en los **romances.**

El rincón TIC

Con una aplicación de edición musical prueba en un móvil o en una tablet las siguientes opciones, sobre una de tus canciones favoritas para cambiar su forma (el orden de sus secciones): cortar, dividir, unir o eliminar.

En grupo, comparte el resultado con tus compañeros.

Escucha, comprueba, reflexiona...

La rosa de los vientos, de Txus Di Fellatio.

1 Escucha cómo se desarrollan en el tiempo las secciones de la canción.

Intr.	A_1	A_2	B	B'	C	A_3	A_4	B	B'	B	B'	Coda
0:00	0:44	1:02	1:19	1:37	1:55	2:12	2:30	2:47	3:05	3:23	3:40	3:57

2 Indica cuántas veces se repite el estribillo dentro de la composición.

3 La canción consta de fragmentos exclusivamente de música instrumental. ¿Sabrías indicar en qué secciones aparecen?

La ópera

La **ópera** es una forma musical vocal, acompañada de instrumentos, que se representa teatralmente.

El origen de la ópera está en Italia en el siglo XVII. Se trata de una obra teatral y musical en la que los actores se expresan mediante el canto acompañados de una orquesta. Consta de las siguientes partes:

- **Obertura** o **preludio.** Pieza instrumental que precede al inicio de la acción o al comienzo de cada acto.
- **Coros.** Es el canto común en determinadas partes de la ópera, en la que se unen todos los personajes.
- **Aria.** Pieza independiente en la que interviene uno o más cantantes solistas acompañados de la orquesta.
- **Recitativo.** Fragmento entre las arias en el que los cantantes parecen recitar el texto.

El italiano Giuseppe Verdi, autor de *La traviata* y otras muchas óperas, es uno de los compositores más populares.

La primera ópera

La favola d'Orfeo, de Claudio Monteverdi (1567-1643) es considerada la primera ópera de la historia.

Esta ópera reúne las características que, a partir de entonces, definen el género operístico.

La zarzuela

La **zarzuela** es una forma musical acompañada de instrumentos, que se representa teatralmente y que alterna partes cantadas con partes habladas.

Las zarzuelas nacieron en el siglo XVII en España y se caracterizan por tener un carácter cómico y tratar temas cercanos al pueblo, tanto en las partes cantadas como en las habladas.

Escucha, comprueba, reflexiona...

Audición 1: «When I am laid», ópera *Dido y Eneas,* de Henry Purcell.

Audición 2: «Coro ronda de los enamorados» de la zarzuela *La del Soto del Parral,* de Reveriano Soutullo y Juan Vert.

1 Escucha la primera audición y aprecia la fuerza dramática que transmite la melodía, a pesar de tener un acompañamiento instrumental reducido. Indica qué familia de instrumentos realizan el acompañamiento.

2 Escucha la segunda audición y fíjate en la alternancia musical del coro femenino y masculino acompañado de la orquesta. Indica si en algún momento de la composición aparecen cantantes solistas.

Comprende, piensa, aplica...

1 Nombra y escribe las principales secciones que componen una canción.

2 Indica qué otras secciones puede tener una canción.

3 Nombra y describe las partes de las que consta una ópera.

4 Indica en qué se diferencia la ópera de la zarzuela.

5 Organizaos en grupos y buscad información en Internet de tres compositores de zarzuela. Escribid una breve reseña biográfica y citad sus principales obras.

1.4 Las formas de la música instrumental

La música instrumental es aquella que está compuesta para ser interpretada con instrumentos. Las composiciones para música instrumental constan, con frecuencia, de varias partes llamadas **movimientos,** que se interpretan una a continuación de la otra.

Las principales formas de música instrumental son la sonata, la sinfonía y el concierto.

La sonata

La **sonata** es una forma compuesta para uno o varios instrumentos solistas. Consta de tres movimientos (rápido-lento-rápido).

Fue la forma musical más utilizada por los compositores del clasicismo. Está basada en la exposición de un tema, en su desarrollo y en su reexposición.

La sinfonía

La **sinfonía** es una forma compuesta para la orquesta en la que no aparece ningún instrumento solista. Consta de cuatro movimientos (rápido-lento, rápido-rápido).

Es similar a la sonata pero compuesta para la orquesta. El compositor Haydn suele considerarse el «padre de la sinfonía», porque con él alcanzó su forma definitiva.

El concierto

Un **concierto** es una composición musical dividida en varias partes, llamadas movimientos, escrita para uno o más instrumentos solistas y una orquesta que lo acompaña.

Los instrumentos más utilizados como solistas de concierto suelen ser el violín y el piano. Los compositores más destacados de conciertos fueron Mozart y Beethoven.

Escucha, comprueba, reflexiona...

Audición 1: «Primer movimiento», *Sonata para piano Claro de luna,* de L. V. Beethoven.

Audición 2: «Primer movimiento: Moderato», *Sinfonía n.º 5,* de D. Shostakovich.

Audición 3: «Giga» de la *Suite francesa n.º 5,* de J. S. Bach.

1 Escucha atentamente las audiciones e indica en cuál de ellas aparece un instrumento solista y en cuál no.

2 Marca con el lapicero sobre la mesa los pulsos de la primera audición y, a continuación, haz lo mismo con la segunda audición. ¿Notas diferencia entre la velocidad (tempo) de unos pulsos y otros?

Practica el lenguaje musical

La **síncopa** se produce cuando se interpreta una nota después de un pulso y se prolonga pasado el siguiente.

Para practicar las siguientes síncopas utiliza las sílabas rítmicas acompañadas de percusión corporal, como se indica a continuación:

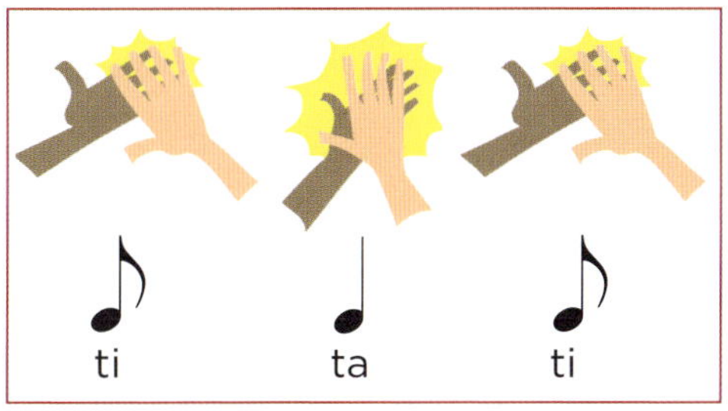

Las síncopas

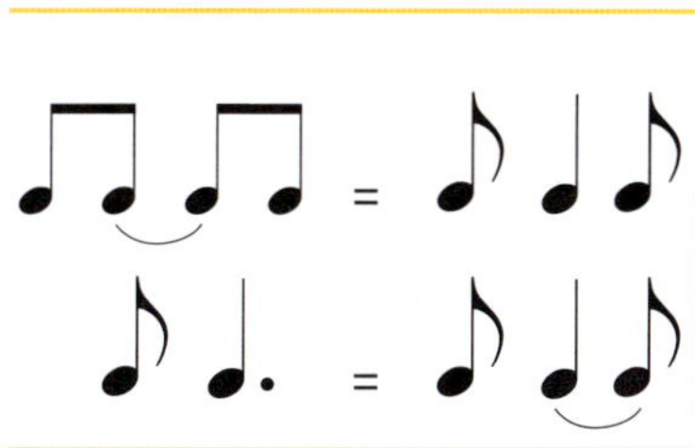

Con figuras

1 Localiza las síncopas en los cuatro fragmentos. Interpreta los fragmentos con las sílabas rítmicas y la percusión corporal que acabas de aprender.

2 Interprétalos, de nuevo, con un instrumento de percusión. Puedes acompañarte con una base rítmica de tu CD, pero ten en cuenta su compás.

(1)
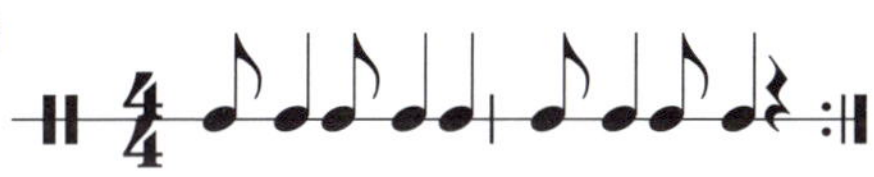

(2)

(3)

(4)

Con notas

3 Interpreta con un instrumento melódico el fragmento que sigue para afianzar la lectura de notas.

4 Con el mismo instrumento, toca los siguientes fragmentos melódicos para practicar la interpretación de las síncopas.

(1)

(2)

2 Escucha una banda sonora

2.1 Una audición con mucho sentimiento

El fragmento que vas a escuchar pertenece a la banda sonora de la película *La vida es bella,* dirigida por Roberto Benigni. Fue compuesta por Nicola Piovani y obtuvo el Oscar a la mejor banda sonora en 1999.

La película narra la historia de una pareja y su hijo internados en un campo de exterminio, al estallar la Segunda Guerra Mundial. El padre, Guido, hará lo imposible para hacer creer a su hijo que la terrible situación que están viviendo es tan solo un juego.

La banda sonora consigue provocar sentimientos de esperanza y de optimismo, a pesar de la dramática situación que viven los personajes.

La **música en el cine** se utiliza como un elemento expresivo para reforzar la imagen y provocar emociones.

La estructura del fragmento

El fragmento corresponde al tema principal de la banda sonora de *La vida es bella.* Contiene varios motivos que se repiten en diferentes ocasiones a lo largo de dicho tema. La forma sigue el siguiente esquema: I A A A' B A A A'

Escucha, comprueba, reflexiona...

La vida es bella, de Nicola Piovani.

1 Escucha atentamente la audición mientras sigues la partitura. Trata de identificar la forma siguiendo el esquema.

2 Identifica en qué partes de la composición aparecen las sílabas más largas que el pulso.

3 Interpreta la partitura en grupo con flautas y xilófonos.

El sostenido ♯

Es un signo de alteración que afecta a la altura de la nota, aumentando medio tono su valor.

La vida es bella es una película que contiene un gran mensaje positivo a pesar de la dramática realidad vivida por los personajes.

La vida es bella, de Nicola Piovani.

A A A' B A A A'

Taller de interpretación

Interpreta *Lus en el bus*

La canción *Lus en el bus* pertenece al estilo Rock and Roll. La voz es el instrumento principal acompañado de bajo y batería, y en unos casos piano y, en otros, guitarra.

Prepara la melodía

1 Interpreta varias veces las figuras de la melodía solo con sílabas rítmicas y percusión corporal hasta que puedas leerlo con soltura.

2 A continuación, entona los nombres de las notas sin tener en cuenta su duración. Puedes ayudarte de la flauta para mantener la afinación.

3 Entona ahora la melodía, teniendo en cuenta la duración de las notas. Repite varias veces hasta que hayas interiorizado la melodía.

4 Antes de preparar el acompañamiento, escucha la canción y apréndete la letra.

Prepara el acompañamiento

1 Formad tres grupos para practicar cada uno, por separado, una de las líneas del acompañamiento de la canción. Probad después a interpretar juntos las tres líneas.

2 La línea de acompañamiento de los xilófonos altos podéis realizarla con un compañero o compañera, teniendo cada uno una baqueta. Ensayad despacio para conseguir una buena coordinación sin perder el pulso.

6 **Lus en el bus**

Eva F. Gancedo

I A A A' (Instr.) A Coda

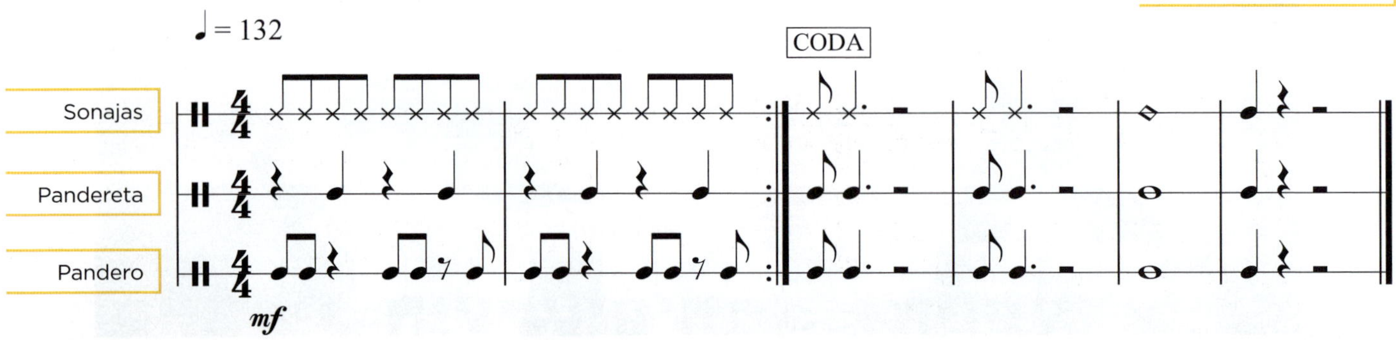

♩ = 132
A
(tacet 3ª)
Voz
Xil. soprano
Xil. alto
Xil. bajo
Es-toy ca-mi - no del Po-lo Sur en un au-to - bús, au-to - bús.
Es-toy ca-mi - no del Po-lo Sur en un au-to - car, au-to - car,
Voy pre-pa - ra - da con mi mo - chi - la y un sa-co a - zul, sa-co a - zul,
con la i-lu-sión de vol - ver-te a ver en o - tro lu - gar, o - tro lu - gar.
mi can-tim-plo - ra y u - na lin - ter - na por si no hay luz.
Voy pre - pa - ra - da con mis can - cio - nes pa - ra can - tar.
CODA
D.C.X4

Experimenta con la danza

Una coreografía se puede realizar siguiendo la forma de una obra musical. Las distintas partes que tiene un baile son equivalentes a las secciones o partes de la música que se baila. Por lo tanto, cada parte o sección de una música se baila con pasos diferentes.

La composición que proponemos para la danza es la «Marcha n.º 1», de la obra *Pompa y circunstancia.* Pertenece a una serie de cinco marchas orquestales compuestas por **Edward Elgar.** Tiene dos secciones, A y B de carácter enérgico, de marcha y ritmo muy marcado; mientras que la sección C, tiene un solo tema musical de carácter solemne.

Practica

«Marcha n.º 1», *Pompa y circunstancia,* de E. Elgar.

AA BB AA BB A' CC' CC'
AA BB' A CC' A'

Posición inicial

Formad dos filas, una enfrente de la otra.

Secciones A y A'

Dad un paso lateral hacia la derecha, y otro hacia la izquierda. Después, dos pasos sin desplazamiento, alternando pie derecho e izquierdo. Realizad el mismo paso completo pero hacia el lado izquierdo.

Secciones B y B'

Realizad cuatro balanceos, cogiendo a los compañeros de al lado por los hombros y empezando hacia el lado derecho.

Secciones C y C'

Dad dos pasos frontales de marcha, a ritmo de blanca, empezando con el pie derecho, siguiendo con el izquierdo y vuelta a la posición inicial. Colocar los brazos en posición de jarras.

Trabaja con lo aprendido

Comprueba

1 Escribe en tu cuaderno la definición de forma musical y razona por qué es necesaria la memoria auditiva para apreciar la forma de una composición.

2 Explica el proceso que realiza un compositor desde que combina las primeras notas hasta que su obra tiene forma musical.

3 Realiza un esquema con las principales formas de la música vocal y de la música instrumental, indicando algunas de sus características.

4 Explica qué es una síncopa y escribe un ejemplo en tu cuaderno.

5 Argumenta por qué la música tiene un papel tan importante en el cine.

Practica

6 Toca el siguiente fragmento melódico y practica la interpretación de la síncopa.

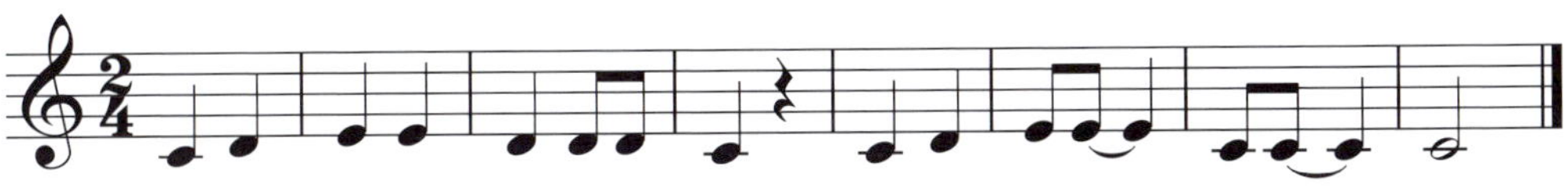

Crea

7 Escribe en tu cuaderno las figuras del tema *La vida es bella,* cuya partitura has trabajado en esta unidad. Después, utilizando las notas *sol, la, si, do* y *re*, crea una nueva melodía conservando solo las figuras. Cuando encuentres una que suene bien, toma nota de ella en tu cuaderno.

Investiga

8 Seguro que conoces la melodía principal de las siguientes películas. Tararéalas e investiga quién fue el compositor de todas ellas. Si crees que no conoces alguna, trata de escucharla:

a) *Tiburón,* de Steven Spielberg.

b) *Supermán,* de Richard Donner.

c) *Star Wars,* de George Lucas.

d) *Indiana Jones: en busca del arca perdida,* de George Lucas.

e) *E.T., el extraterrestre,* de Steven Spielberg.

f) *Parque Jurásico,* de Steven Spielberg.

Comenta

9 Argumenta ante tus compañeros la siguiente afirmación: la música es un arte temporal y la arquitectura, un arte espacial.

Análisis de una partitura

emprender
aprender

El análisis de una partitura permite tener un mayor control sobre la obra que se pretende interpretar y ayuda a que la ejecución de dicha pieza musical sea lo más correcta posible.

Analiza las partituras

1 Observa las siguientes partituras de la obra instrumental *A las tres,* de Eva F. Gancedo. La primera está completa; a la segunda le faltan elementos y contiene algún error.

2 Analiza y compara las partituras. Detecta todos aquellos elementos que falten.

Completa la partitura

3 Una vez que hayas detectado los elementos que faltan en la segunda partitura, cópiala en tu cuaderno correctamente.

4 Revisa lo corregido en la partitura mientras escuchas la audición.

Puesta en común

5 Explica ante tus compañeros las correcciones que has realizado. Después, tócala con la flauta sobre la música del CD.

6

Planeta de contrastes

La fuerza musical

Estamos rodeados de situaciones cotidianas que se desarrollan con diferente grado de intensidad dentro de nuestras vidas.

La música también se desarrolla en el tiempo con distintos matices de intensidad, que ayudan a dar contraste y enriquecer la obra musical.

Veo, pienso, me pregunto... Después, **comparto.**

1 Qué conocemos de lo que vemos en la fotografía.

2 Qué intensidad tendría cada elemento de la fotografía.

3 Cómo es la música interpretada con distintas intensidades.

1 La intensidad en la música

1.1 La intensidad

La intensidad se define como el nivel de fuerza con que se realiza una acción o se manifiesta un fenómeno, un sentimiento, etc.

En nuestro entorno están presentes multitud de sonidos relacionados con la intensidad: fuertes, como la sirena de bomberos, unos fuegos artificiales, un avión despegando...; o débiles, como los sonidos de la brisa o del agua de un manantial.

La intensidad de un sonido es relativa. Para precisar cómo es un sonido de fuerte o de suave debemos compararlo con otros: hay múltiples grados de intensidad. Lo que para un músico es fuerte, para otro puede ser solo un poco fuerte.

La **intensidad** es la fuerza del sonido y se mide en decibelios (dB).

El umbral de audición es el límite inferior a partir del cual nuestro oído empieza a percibir los sonidos. Los de intensidad muy baja, inferior a 10 dB, están por debajo de este umbral y nuestro oído no es capaz de percibirlos. Los sonidos de intensidad muy fuerte, superior a 140 dB, están por encima del umbral del dolor y pueden producir daños irreparables en los oídos.

Cuando la intensidad sonora es demasiado alta se produce contaminación acústica. Este tipo de contaminación está presente en la sociedad actual y es perjudicial para la salud de las personas.

Tabla de decibelios

Silencio	0 dB
Pisada	10 dB
Biblioteca	30 dB
Conversación	50 dB
Tráfico	80 dB
Aspiradora	90 dB
Camión	100 dB
Grupo de rock	110 dB
Avión despegando	130 dB
Umbral del dolor	140 dB

El rincón TIC

Graba sonidos de diferentes motores con un móvil o con una tablet: de coche, autobús, motocicleta, nevera, congelador, etc. Escúchalos y escribe en tu cuaderno información sobre su intensidad.

Después, comparte con tus compañeros lo escrito sobre cada uno de ellos.

La contaminación acústica puede causar graves daños en la salud y en la calidad de vida del ser humano.

1.2 La finalidad de la intensidad musical

En música, la **intensidad** es la que nos permite diferenciar sonidos fuertes y débiles. Es una de las cuatro cualidades del sonido, junto con la altura, la duración y el timbre.

Los compositores utilizan deliberadamente los **cambios de intensidad** con diversas finalidades:

- Ayudar a generar contraste entre un tema musical o sección y otro.
- Despertar la atención del oyente en un pasaje musical concreto.
- Generar tensión en la música en momentos precisos de la obra.

La **intensidad** puede aparecer en la música de las siguientes maneras:

- Estable durante todo un pasaje.
- Creciente o decreciente a lo largo de un fragmento.
- Aumentando de manera súbita en una nota aislada. Es lo que llamamos **acento**, aunque no sea el acento natural del compás.

Investiga

«Oh Fortuna», de *Carmina Burana,* de Carl Orff.

«Cuarto movimiento», de la *Sinfonía n.º 9,* de L. V. Beethoven.

En estas obras podrás apreciar cómo cada compositor ha incorporado distintos contrastes de intensidad.

Escucha, comprueba, reflexiona...

«La multitud», del ballet *Petrushka*, de Igor Stravinsky.

1 Escucha atentamente el comienzo de la escena y comprueba como la intensidad cambia bruscamente en pocos segundos. ¿Qué sensación te ha provocado?

2 Piensa en la finalidad que crees que tiene ese cambio de intensidad. Coméntalo con tus compañeros de clase.

Comprende, piensa, aplica...

1 Define qué es la intensidad del sonido e indica cuál es su unidad de medida.

2 Piensa en cinco sonidos del entorno, a los que estás expuesto habitualmente. Anótalos en tu cuaderno e indica cuáles de ellos forman parte de la contaminación acústica.

3 Busca en Internet información sobre la contaminación acústica y realiza un breve resumen: en qué consiste, lugares en los que es más frecuente que se desarrolle, etc.

4 Indica con qué finalidades se utilizan los contrastes de intensidad en una obra musical.

1.3 Los matices y los reguladores

El cambio de intensidad que se produce a lo largo de una obra recibe el nombre de **dinámica** y se indica en la partitura mediante unos términos italianos. A estos términos se les llama matices.

Los **matices** señalan con qué grado de intensidad se debe interpretar la partitura.

Los principales matices y sus abreviaturas son pianissimo (*pp*), piano (*p*), mezzopiano (*mp*), mezzoforte (*mf*), forte (*f*) y fortissimo (*ff*).

Los reguladores

Cuando la intensidad no se mantiene sino que va progresivamente aumentando o disminuyendo, se utilizan otras palabras italianas para indicarlo: crescendo, para aumentar gradualmente la intensidad; y diminuendo, para disminuirla gradualmente.

En vez de estos términos también se pueden utilizar unos signos llamados reguladores.

Los **reguladores** son unos signos en forma de ángulo que indican el cambio continuo de un grado de intensidad a otro.

Crescendo (cresc.): aumenta la intensidad progresivamente.

Diminuendo (dim.): disminuye la intensidad progresivamente.

Matices

pp (pianissimo): muy suave
p (piano): suave
mp (mezzopiano): medio suave
mf (mezzoforte): medio fuerte
f (forte): fuerte
ff (fortissimo): muy fuerte

Escucha, comprueba, reflexiona...

Nocturno n.º 2, op. 9, de F. Chopin.

1 Escucha atentamente mientras analizas la partitura. Escribe en tu cuaderno qué matices de intensidad ha utilizado el compositor.

2 Las ligaduras de expresión facilitan la comprensión de cada motivo melódico. Sigue en la partitura las notas que forman cada motivo.

Practica

1 Interpreta con palmas las siguientes partituras rítmicas realizando los matices de intensidad que se indican.

2 Formad dos grupos e interpretad los siguientes patrones utilizando las sílabas rítmicas. Un grupo comenzará el primer patrón con intensidad débil y el otro grupo contestará el mismo patrón con intensidad fuerte. Así sucesivamente con todos los patrones.

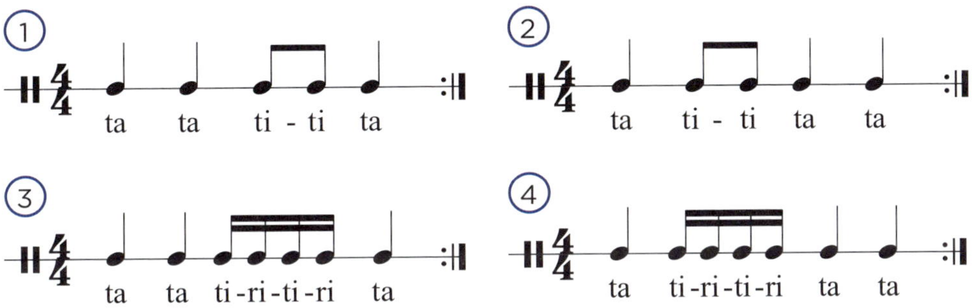

3 Formad parejas y pensad en posibles patrones rítmicos, utilizando las figuras de los patrones trabajados en la actividad anterior. Cread y escribid en el cuaderno cuatro nuevos patrones rítmicos. Después, interpretadlos con palmas ante el resto de la clase.

1.4 Otras indicaciones expresivas

En una partitura, además de encontrar signos como los relativos al tempo musical *(andante, allegro...)*, o a los matices de intensidad, también aparecen otras indicaciones que orientan al intérprete en relación al sentimiento y al carácter que posee la obra.

El **carácter** es la sensación o emoción que nos produce una obra musical y se indica por medio de unos términos italianos, que se colocan al principio de la composición.

Los indicadores del carácter más frecuentes son:

- *Affettuoso:* afectuoso.
- *Con brio:* con fuerza, con ligereza.
- *Animato:* animado.
- *Dolce:* dulce.
- *Agitato:* agitado, rápido.
- *Tranquilo:* tranquilo, con paz.

Escucha, comprueba, reflexiona...

Estudio n.º 7 op. 42, de A. Scriabin.

1 Observa la partitura y fíjate en el término que aparece en la parte superior izquierda. ¿Qué indica?

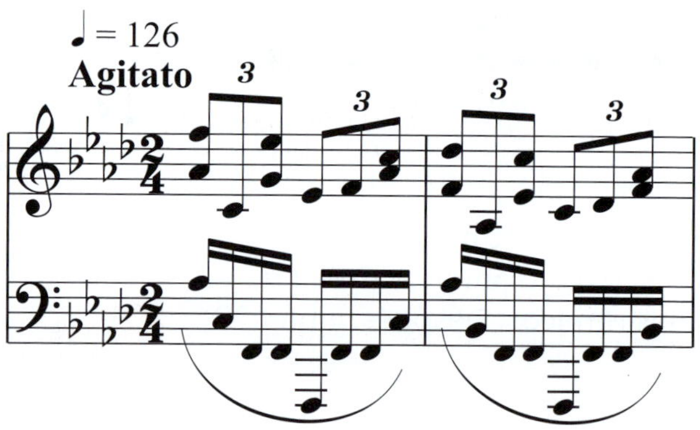

2 Ahora escucha atentamente la audición y percibe si el temperamento con el que se ha interpretado se corresponde con la indicación de carácter de la partitura.

Comprende, piensa, aplica...

1 Indica qué nombre reciben los términos que representan la intensidad en una partitura.

2 Busca en Internet otros términos italianos relacionados con los matices de intensidad distintos a los que ya conoces.

3 Define qué son los reguladores y qué indican en una partitura.

4 Indica el signo que se utiliza para ir aumentando la intensidad en una partitura.

5 Escribe en tu cuaderno la definición de carácter musical y nombra algunos términos indicadores del carácter.

6 Busca en Internet otros indicadores del carácter y su significado.

Practica el lenguaje musical

Un **tresillo** es un grupo de tres figuras iguales que duran un pulso.

Los tresillos se pueden formar con cualquier grupo de tres figuras iguales. Observa, en el recuadro de la derecha, cómo es el tresillo de corcheas.

Con figuras

1 Observa y aprende a interpretar el tresillo de corcheas con sílabas rítmicas. Para ello, sigue estos pasos:

1. Marca los pulsos pronunciando «un-dos», como si fueran dos corcheas.

un dos un dos

2. Marca los mismos pulsos anteriores pero ahora pronunciando «un-dos-tres».

un dos tres un dos tres

2 Interpreta los fragmentos con percusión para acostumbrarte a leer tresillos de corchea. Recuerda que las tres figuras tienen la misma duración.

1

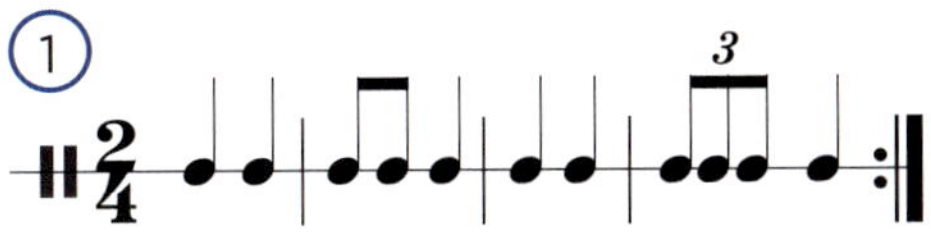

2

Con notas

3 Interpreta con un instrumento de láminas los siguientes fragmentos melódicos para practicar la nota *si* bemol. Recuerda que debes cambiar en el instrumento la lámina *si* por la lámina *si* bemol.

4 Aprende a tocar con la flauta la nota *si* bemol. Después, interpreta los siguientes fragmentos varias veces.

1

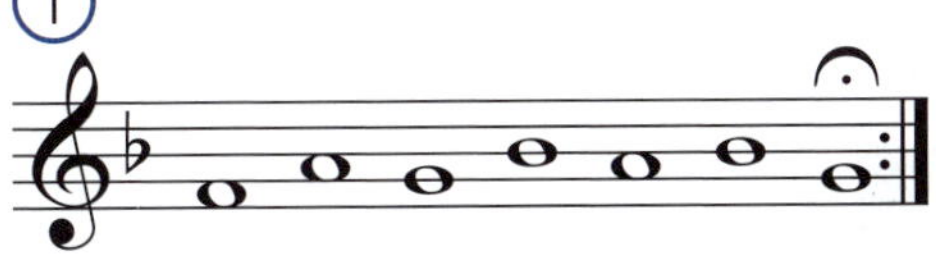

2

3

4

Posición de flauta

La nota *si* bemol

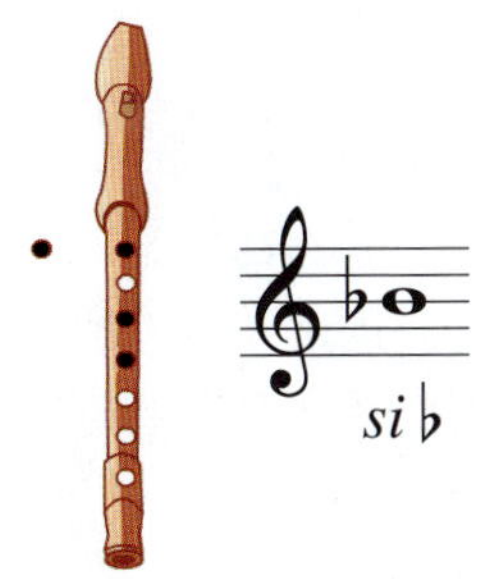

2 Escucha un oratorio de Haendel

2.1 Una audición con mucha intensidad

El fragmento que vas a escuchar pertenece al oratorio *El Mesías,* del compositor alemán Georg Friedrich Haendel (1685-1759). Se trata de «For unto us a child is born», interpretado por coro mixto y orquesta sinfónica.

El **oratorio** es una forma musical vocal de temática religiosa, que carece de representación escénica.

Estructuralmente, es similar a una ópera, pero se diferencia en que en el oratorio los personajes no actúan, solo cantan.

Haendel es conocido por ser uno de los más importantes compositores de oratorios de la época barroca y *El Mesías* es su oratorio más conocido.

La estructura del fragmento

El oratorio *El Mesías* está estructurado en tres partes. Posee un tempo compuesto por un *andante* y un *allegro* que refuerza la intensidad de la composición. El fragmento «For unto us a child is born», pertenece a la primera parte y se trata de una obra coral.

Comienza con una introducción instrumental en la que destacan los instrumentos de cuerda frotada, que dan paso al coro. Primero intervienen las voces soprano y paulatinamente el resto del coro mixto (contraltos, tenores y bajos).

Escucha, comprueba, reflexiona...

«For unto us a child is born», *El Mesías,* de G. F. Haendel.

1 Escucha la audición e identifica cada una de las secciones. Indica cuántas tiene y cuántas veces se repite cada una de ellas.

2 Aparecen contrastes de intensidad muy marcados. Señala en cuál de las secciones hay un crescendo muy marcado que llega a *fortissimo*.

Investiga

El Mesías, de Haendel, fue compuesto en 1741, en tan solo tres semanas y está escrito en inglés antiguo. Narra la vida y la muerte de Jesucristo.

Su estreno fue un éxito. Acudieron más de setecientas personas.

Haendel donó lo que cobró por esta obra a fines benéficos.

Los coros participativos reúnen a cantantes aficionados a la música coral con orquestas, solistas y directores de prestigio internacional. En la imagen, coro participativo interpretando *El Mesías*.

2.2 Georg Friedrich Haendel

Georg Friedrich Haendel nació en Halle (Alemania) en 1685, murió en Londres en 1759. Fue un músico de gran maestría y prestigio y cultivó un género muy popular, la ópera, lo que le llevó a viajar por toda Europa.

Vivió en Gran Bretaña donde fue músico de la corte inglesa, de ahí el carácter ceremonial que tienen muchas de sus composiciones, creadas para dar solemnidad a los actos presididos por el rey.

Haendel fue un compositor de numerosas obras, entre las que destacan óperas como *Rodrigo, Alceste* u *Orlando,* oratorios como *El Mesías, Judas Macabeo* y *Belshazzar* y música instrumental (suites y conciertos).

Haendel y el Barroco

G. F. Haendel compuso todas sus obras durante la época del Barroco. Este período artístico se desarrolló durante el s. XVII y la primera mitad del s. XVIII.

La música barroca se caracteriza por el empleo de la técnica del **bajo continuo,** que es la utilización de una línea de bajo sobre la que se interpretan acordes. Estos son la base musical sobre la que suena la melodía principal.

En la música religiosa, el bajo continuo solía ser interpretado por un instrumento de viento con teclado, el órgano; en la música profana, el bajo continuo era interpretado por un instrumento de cuerda, el clavicémbalo, también denominado clave. Este último es un instrumento característico del período barroco.

En el Barroco desarrollaron su obra tres grandes compositores: J. S. Bach, A. Vivaldi y G. F. Haendel.

Imagen de la escenografía realizada para la interpretación de la obra *Música para los reales fuegos artificiales,* de Haendel (1749).

Comprende, piensa, aplica...

1 Indica a qué forma musical de carácter vocal corresponde *El Mesías*.

2 Señala en qué parte de *El Mesías* está incluido el coro «For unto us a child is born».

3 Escribe cuáles son las voces que integran el coro mixto de la audición.

4 Destaca tres aspectos de la vida de Haendel y cita sus obras más representativas.

5 Indica en qué siglos se desarrolló el Barroco.

6 Realizad en grupo un trabajo de investigación sobre las características del oratorio en el Barroco.

Taller de interpretación

Interpreta *Soul en mi rincón*

La canción *Soul en mi rincón,* como su nombre indica, pertenece al estilo soul. Este estilo comparte con el rock y el pop la importancia que tienen la voz y la letra y los instrumentos que se utilizan para interpretar sus canciones.

Repasa la melodía

1 Interpreta las figuras de la melodía de la canción solo con sílabas rítmicas y percusión corporal. Presta especial atención al silencio de negra con el que empiezan todas las frases o semifrases.

2 Después, toca la melodía con un instrumento de láminas, poniendo atención para no perder el pulso. Antes de comenzar, necesitas cambiar el *si* por el *si* bemol en todos los instrumentos de láminas, porque viene indicado al lado de la clave de *sol*.

Prepara el acompañamiento

1 Formad tres grupos para practicar cada uno, por separado, una de las líneas del acompañamiento de la canción. Probad después a interpretar juntos las tres líneas.

2 Antes de tocar los xilófonos, cambiad la placa *si* por la placa *si* bemol. La línea de acompañamiento de los xilófonos altos puedes interpretarla con un compañero o compañera, teniendo cada uno una baqueta.

7 **Soul en mi rincón**

Eva F. Gancedo

I A A B A_2 A(instr.) A(instr.) B A_2

1.
2.
B1
con mis com-pa - ñe-ros y can-tar.
mf Y en - cuen-tro a Mar - vin
Gaye, a Ray Charles y a Sam Cooke a A - re-tha Fran - klin y O-tis Red - ding.
A2
¿Cuál pre - fie - res tú?
mp A - quí en mi rin-cón bus - co u-na can-ción
que pue-da to-car con mis com-pa - ñe-ros y can-tar.
Fine
D.C. al Fine

Hoy toca... la flauta travesera

La flauta travesera es un instrumento musical de viento. A pesar de que está hecha de metal, está considerada dentro de la familia de los instrumentos de viento-madera, ya que antiguamente era de ese material y además porque su timbre es más cercano al de dicha familia.

Es uno de los instrumentos más antiguos que existen. Se puede decir que casi todas las culturas poseen algún tipo de flauta y se han utilizado en todas las épocas de la historia.

Existe una gran variedad de flautas en todo el mundo, pero la más utilizada dentro de la música académica es la flauta travesera. Esta flauta está formada por un tubo, con una embocadura denominada bisel, que es donde se produce el sonido. Posee un sistema de llaves para conseguir que el instrumento pueda dar un mayor número de notas.

Las flautas primitivas

En la prehistoria se construían flautas con huesos de animales antes de utilizar cañas y otros materiales como el barro y la madera.

Escucha, comprueba, reflexiona...

«Allegro», del *Dúo de flautas op. 34,* de R. Muczynski.

1 Escucha atentamente la audición y fíjate en el papel de las dos flautas traveseras. Al comienzo del dúo los sonidos que escuches te parecerán silbidos que fluyen en tu cabeza, pero son notas musicales. El efecto del silbido se consigue con la utilización de figuraciones cortas. Indica de qué figuras cortas se trata.

2 En la parte final de la composición aparece un crescendo, con el que concluye la obra. Señala en qué matiz de intensidad termina y escribe el término en italiano y su abreviatura.

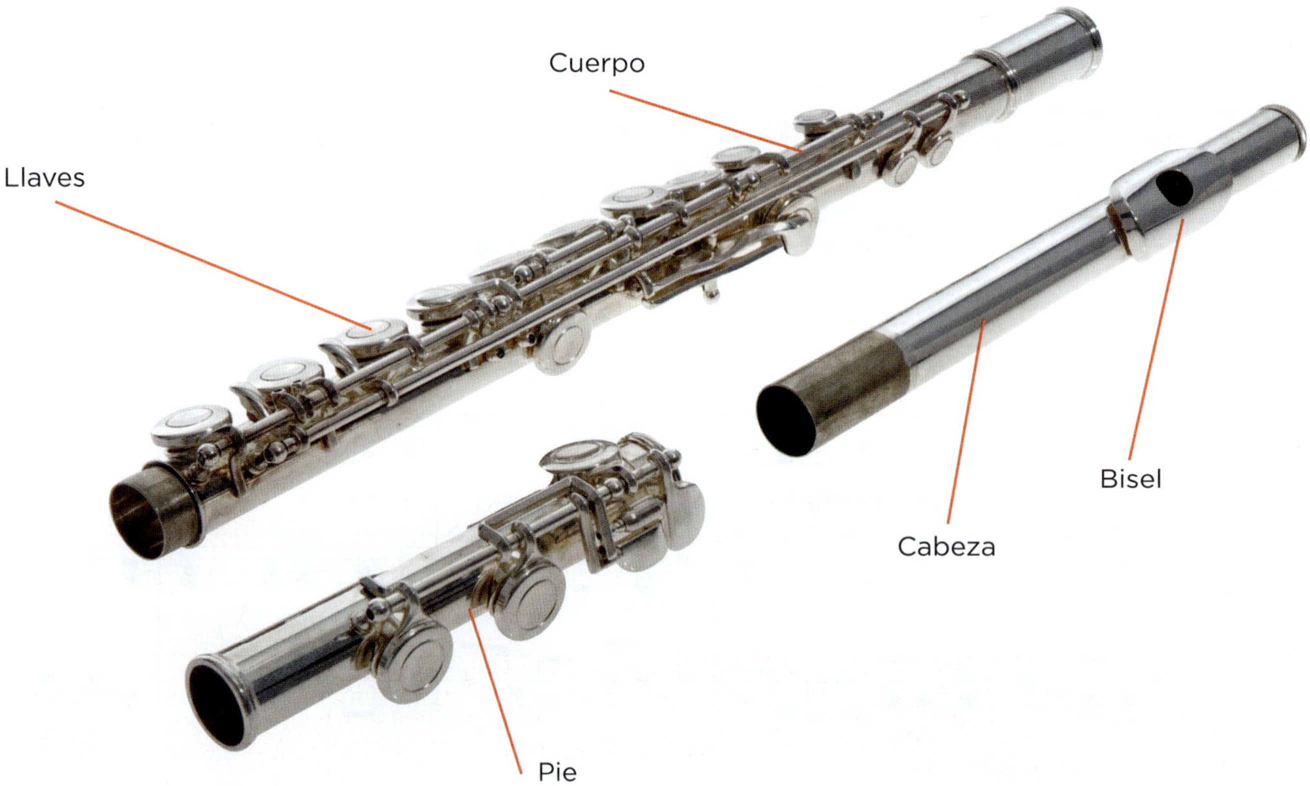

Trabaja con lo aprendido

Comprueba

1 Indica de qué maneras puede aparecer la intensidad en la música.

2 Explica qué son los matices de intensidad.

3 Escribe qué palabras italianas se utilizan en la partitura para indicar que la intensidad de una obra musical va progresivamente disminuyendo o aumentando.

4 Nombra tres de los compositores más representativos del período barroco.

5 Cita las partes que forman la flauta travesera.

6 Define qué es un tresillo.

Practica

7 Escribe en tu cuaderno las siguientes notas e indica, con los matices que has aprendido, la intensidad a la que van a ser interpretadas. Posteriormente, interprétalas.

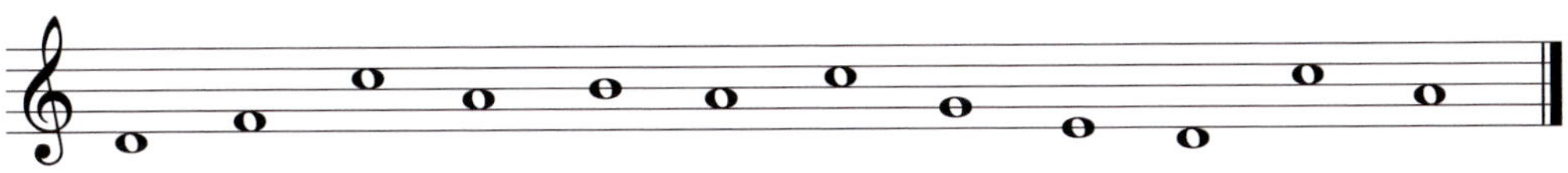

8 Copia en tu cuaderno los siete primeros compases de la partitura *Soul en mi rincón,* que has trabajado en la unidad. Fíjate en la intensidad con la que comienza (*mezzopiano* = medio suave). Cambia este matiz de intensidad por otro que tú elijas e interpreta la frase musical. Comenta con tus compañeros el resultado.

Crea

9 Crea una melodía de cuatro compases de 4/4 con algunas de las notas anteriores y utiliza reguladores para modificar la intensidad de la misma.

Investiga

10 Busca información en Internet y realiza un cuadro a partir de las similitudes y diferencias que encuentres entre las formas vocales ópera, zarzuela y oratorio.

11 En grupo, buscad información e imágenes y haced un sencillo trabajo sobre la evolución de la flauta, desde sus orígenes hasta la actualidad.

El mapa sonoro

emprender aprender

Los mismos sonidos que sirven para hacer música pueden llegar a ser muy molestos, perjudiciales e, incluso, dañinos, si nos exponemos a ellos de manera inadecuada. Es lo que llamamos **contaminación acústica.**

Para conocer el nivel de contaminación acústica de un lugar se realizan los **mapas sonoros.** En la ilustración puedes ver el mapa sonoro de una casa. Se confecciona sobre un plano, indicando, con diferentes colores, los grados de intensidad de los sonidos ambientales.

Se puede abordar el estudio de un mismo lugar durante varios días, por ejemplo, a lo largo de una semana, para poder conocer el desarrollo de su contaminación acústica.

A continuación, haz tú un mapa sonoro siguiendo estos pasos:

Recoge la información

1 Define el lugar del que vas a elaborar el mapa sonoro –por ejemplo, de tu casa–, e indica a qué hora recoges la información (puede ser cuando vuelves de clase o el fin de semana...).

2 Reflejarás la intensidad con tres niveles: rojo, intensidad fuerte; azul, intensidad media; verde, intensidad suave.

3 Toma nota del nivel de intensidad sonora que percibes en cada estancia de la casa: el salón, tu habitación, la cocina, el baño, etc.

Elabora el mapa

4 Traza el plano de tu casa. No hace falta que sea ni muy exacto ni a una escala determinada. Dibuja también lo que hay alrededor del edificio: un parque, una carretera, una fábrica, etc.

5 Colorea cada estancia según el criterio de color establecido. Si es posible, identifica las fuentes sonoras (por ejemplo, los electrodomésticos) y anota algunas de sus cualidades, como la duración, la intensidad y la altura.

Extrae conclusiones

6 Expón en clase el mapa sonoro que has hecho sobre tu casa y escucha con atención la exposición de los demás.

7 Celebrad un debate observando las coincidencias y las diferencias de los distintos planos.

8 Realizad juntos un registro con las conclusiones y las medidas que habría que adoptar para reducir la contaminación sonora en el hogar.

7

Escalera al cielo

El muestrario de notas

Si escuchamos las notas musicales en cierto orden, tenemos la sensación de estar subiendo y bajando una escalera. Cuando esto ocurre, estamos escuchando las notas en escala. Si modificamos ligeramente la altura de alguna de ellas, obtenemos una escala diferente y la sensación al escucharla cambia.

Veo, pienso, me pregunto... Después, comparto.

1 Por qué aparecen teclas blancas y negras en el piano.

2 Qué serie de teclas blancas y negras se repite.

3 Cómo se toca una escala en el piano.

1 El muestrario de notas

1.1 Las alteraciones

Las notas que conoces reciben el nombre de **notas naturales** *(do, re, mi, fa, sol, la, si)*. Las notas **alteradas** son notas naturales a las que se les ha modificado su altura.

Las **alteraciones** son unos signos musicales que modifican la altura de una nota natural.

Las alteraciones son:

- **El sostenido** (♯), eleva la afinación de una nota natural.
- **El bemol** (♭), baja la afinación de una nota natural.
- **El becuadro** (♮), anula el efecto del sostenido (♯) y del bemol (♭). Es decir, convierte una nota alterada en una nota natural.

Observa el siguiente ejemplo sobre el efecto de las alteraciones:

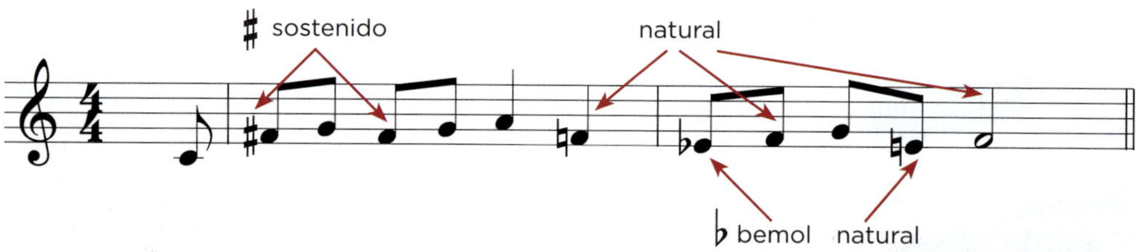

Las notas enarmónicas

Son las notas alteradas que se pueden escribir de dos formas diferentes aunque se refieran al mismo sonido.

Por ejemplo, son notas enarmónicas:

do ♯ – *re* ♭

sol ♯ – *la* ♭

1.2 La escritura de las alteraciones

Las alteraciones se escriben **en la armadura,** al principio del pentagrama. La nota a la que afecta estará alterada a lo largo de toda la composición.

Las alteraciones también se escriben **delante de la nota** que se quiere alterar y afecta a todas las notas del mismo nombre dentro del compás.

Con armadura

Sin armadura

1.3 El tono y el semitono

La distancia entre una nota natural y su correspondiente alterada, sostenida o bemol, es un **semitono** (medio tono). Una distancia de dos semitonos constituye un **tono**.

Entre dos notas naturales consecutivas hay una nota alterada (con sostenido o bemol), excepto entre las notas *mi* y *fa* y las notas *si* y *do*. Esto es fácil de comprobar observando las teclas de un piano: las notas naturales son las blancas y las alteradas son las negras.

El semitono corresponde a la distancia entre dos notas consecutivas, es decir, entre una nota natural (blanca) y la nota alterada adyacente (negra); o entre las notas *mi* y *fa*, y *si* y *do*, que son ambas naturales (blancas), pero no tienen nota alterada (negra) intercalada.

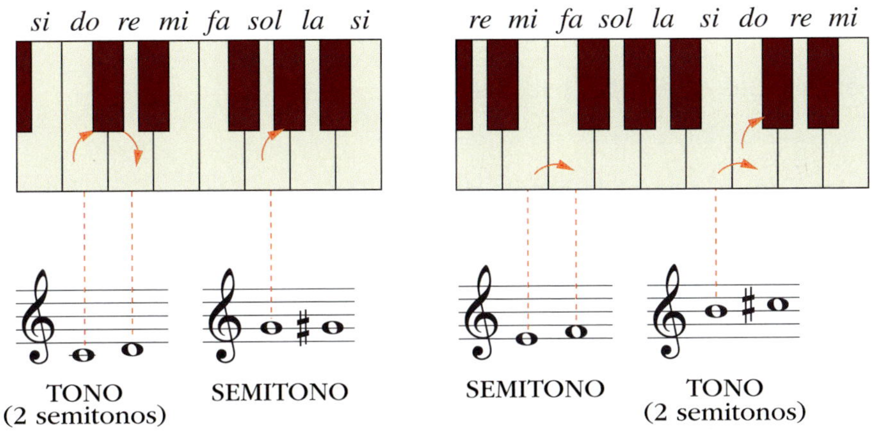

Investiga

Tema principal de la banda sonora original de la película *Tiburón,* de John Williams.

Escúchalo con atención y apreciarás que comienza utilizando dos sonidos que se van intercalando y que están a distancia de semitono.

Escucha, comprueba, reflexiona...

«Pedro en el prado», «Pedro trepa al árbol con una cuerda», «El gato» y «El gato trepa al árbol», *Pedro y el lobo,* de Serguéi Prokofiev.

1 Escucha y percibe cómo se transforman los temas de Pedro y del gato cuando la música representa la acción de trepar al árbol.

2 Fíjate en la partitura que corresponde al tema del gato. Indica qué tipo de alteración utiliza y cuántos motivos diferentes tiene.

3 Interpreta el tema del gato en un teclado con los sostenidos y sin ellos. Explica qué diferencias percibes.

Comprende, piensa, aplica...

1 Define qué son las alteraciones e indica dónde se escriben.

2 Escribe en tu cuaderno el nombre de las notas naturales.

3 Explica qué es un tono y un semitono.

4 Escribe en tu cuaderno los nombres de los signos que aparecen en la siguiente partitura.

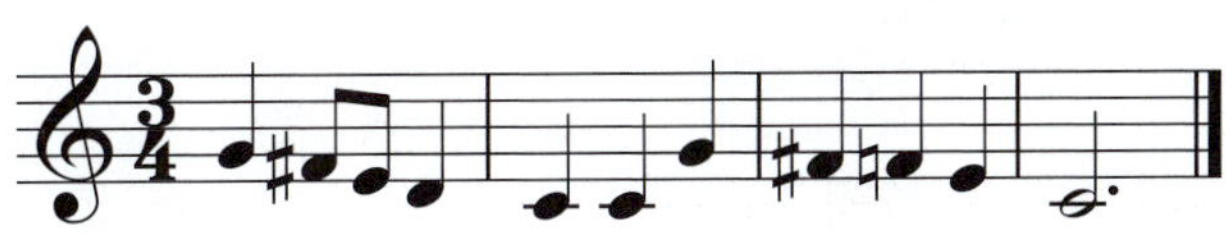

1.4 La escala

En otras artes, como en la pintura, el artista elige los colores que necesita para su cuadro dentro de una gama de tonos; en música, la **escala** es como el muestrario del que el compositor extrae los sonidos básicos para crear su música.

La **escala** es un conjunto de notas ordenadas de la más grave a la más aguda.

Investiga

Suite para piano, op. 25, parte II, de Arnold Schöenberg.

La obra es uno de los ejemplos de atonalismo musical. En ella, apreciarás que todas las notas tienen la misma importancia, no destacan unas frente a otras.

1.5 La nota tónica

Cuando escuchamos una melodía, nuestro oído se acostumbra a percibir una nota principal, que funciona como centro de atracción. Es la nota que nos produce mayor sensación de reposo. Se denomina nota tónica.

La **nota tónica** es la primera nota de la escala. Las diferentes escalas musicales se nombran por su nota tónica.

La escala utilizada habitualmente en la clase de música es la escala de *do*. Por tanto, su nota tónica es *do*.

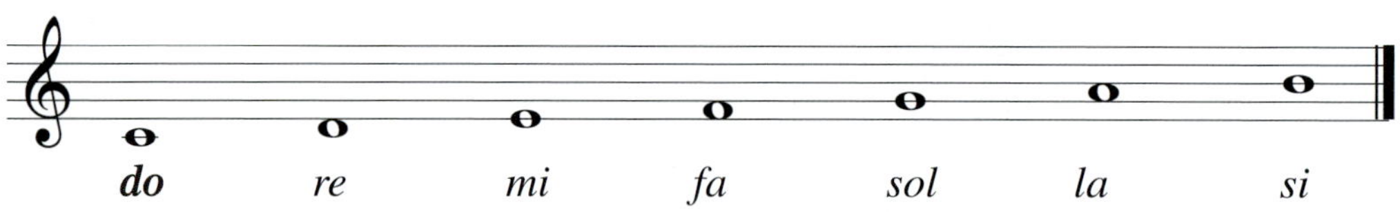

La música que tiene una nota tónica clara se denomina **música tonal.** Es la más habitual. Y, por el contrario, la música que evita tener una nota tónica clara se llama **música atonal.**

El compositor, antes de componer una melodía elige una escala y toma las notas que necesita para su obra musical.

1.6 Las escalas diatónicas y pentatónicas

En la música occidental existen diferentes escalas según las notas que la forman. Las escalas utilizadas más habitualmente son:

- Las **escalas diatónicas,** formadas por siete notas.
- Las **escalas pentatónicas,** formadas por cinco notas.

Escala diatónica

Escala pentatónica

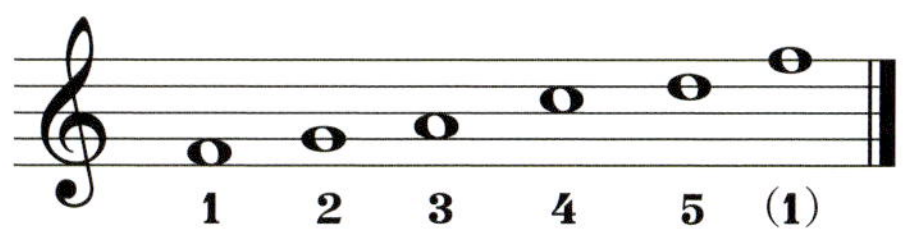

1.7 La escala mayor

Cada escala diatónica tiene ordenadas las notas, con sus tonos y sus semitonos, de una determinada manera.

Una **escala mayor** es una escala diatónica en la que la distancia entre sus notas es de un tono, excepto entre las notas 3.ª y 4.ª y entre las notas 7.ª y 8.ª, que es de un semitono.

Una escala diatónica mayor está formada por cinco tonos y dos semitonos. La única escala mayor que está formada por notas naturales es la escala de *do* mayor.

Escala de *do* mayor

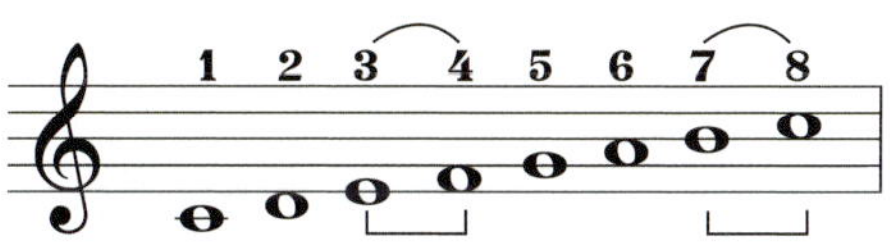

Escala de *sol* mayor

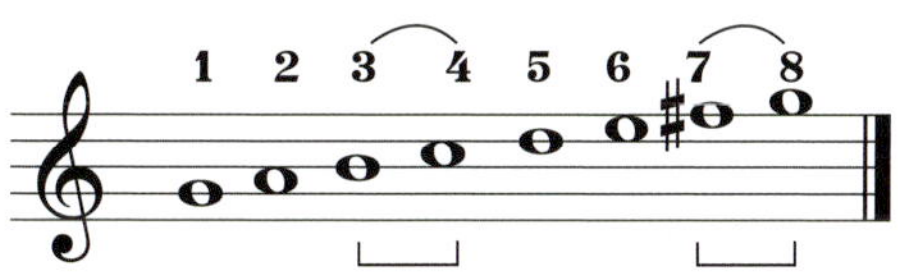

El rincón TIC

Experimenta con un piano virtual en un móvil o en una tablet la diferencia de altura entre una nota blanca y su nota negra adyacente (superior o inferior). Comparte tu opinión con tus compañeros.

1.8 La tonalidad mayor

La escala elegida para crear una composición determina la tonalidad en la que estará escrita.

Una melodía está compuesta en una **tonalidad mayor** cuando utiliza las notas de una escala mayor.

Fíjate en los siguientes fragmentos. Se trata de la misma melodía pero escrita en dos tonalidades diferentes.

Tonalidad de *do* mayor

Tonalidad de *sol* mayor

Escucha, comprueba, reflexiona...

«Do, re, mi», *The Sound of Music,* de Richard Rodgers.

1 Escucha atentamente la siguiente audición que forma parte de la banda sonora de *The Sound of Music (Sonrisas y Lágrimas)*. Está compuesta en la tonalidad de *do* mayor.

2 Copia la partitura en tu cuaderno y rodea la nota tónica. Canta la melodía principal mientras suena la canción.

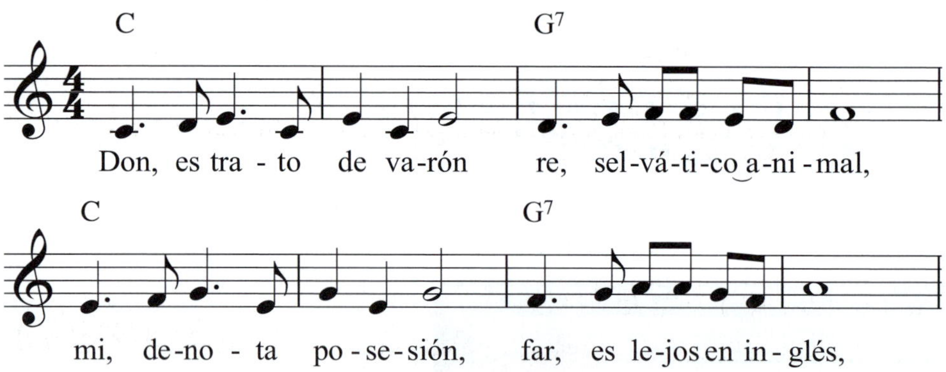

Comprende, piensa, aplica...

1 Define qué es una escala y cuál es su utilidad.

2 Indica cómo se denomina a la nota principal de una escala.

3 Señala cuántas notas forman la escala pentatónica y la diatónica.

4 Dibuja en tu cuaderno de pentagramas la escala pentatónica comenzando con la nota *do.*

5 Indica cuántos tonos y semitonos forman una escala diatónica mayor.

6 Piensa cuál es la única escala diatónica mayor que utiliza las notas naturales.

7 Escribe en tu cuaderno de pentagramas las notas de la escala de *fa* mayor teniendo en cuenta cómo tienen ordenados los tonos y los semitonos.

Practica el lenguaje musical

Con figuras

Vas a practicar dos nuevos ritmos que, dada su complejidad, requieren una interpretación muy atenta para no perder el pulso. Se trata del ritmo de corchea con puntillo y semicorchea y del ritmo de silencio de corchea y dos semicorcheas.

1 Interpreta los siguientes fragmentos para practicar el ritmo de corchea con puntillo y semicorchea. Ten en cuenta que la corchea con puntillo dura lo mismo que las tres primeras semicorcheas de un pulso.

①

②

2 Interpreta los siguientes fragmentos para practicar el ritmo de silencio de corchea y dos semicorcheas. Puedes practicar este ritmo cantando interiormente las dos primeras semicorcheas del pulso.

①

②

Con notas

3 Interpreta con un instrumento de láminas los siguientes fragmentos para practicar la nota alterada *fa* ♯. Para ello, debes cambiar en el instrumento la lámina de la nota natural por su correspondiente alterada.

4 Aprende a tocar con tu flauta la nueva nota *fa* ♯. Después, interpreta el siguiente fragmento varias veces para adquirir soltura en la digitación de las notas alteradas.

Con armadura

Sin armadura

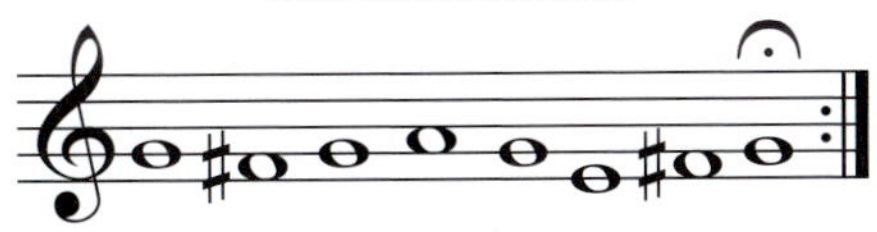

Posición de flauta

La nota *fa* ♯

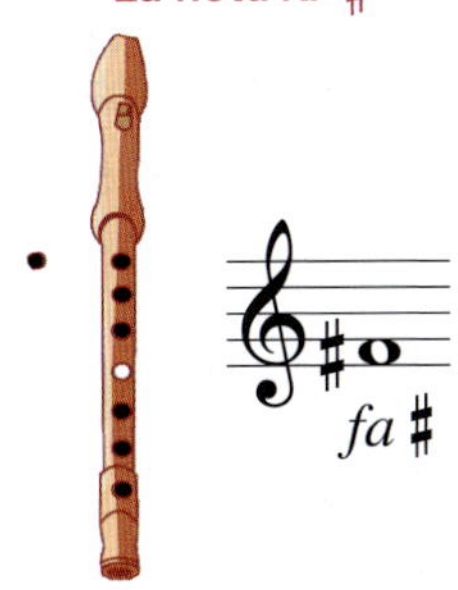

2 Escucha un lied de Schubert

2.1 Una audición romántica

El fragmento que vas a escuchar pertenece a la obra *La bella molinera,* del compositor Franz Schubert (1797-1828). Se trata de una canción, lied, interpretada por un barítono con acompañamiento de piano.

El **lied** (en plural lieder) es una composición vocal breve en la que se compone música para un texto ya existente.

Existen distintas formas de lied. La más sencilla es la forma estrófica, formada por varias estrofas, todas ellas con la misma música, con el esquema A-A'-A''.

El lied se acompañaba generalmente del piano, que fue el instrumento predilecto del Romanticismo.

La estructura del fragmento

«Das wandern» es un lied estrófico A-A'-A''. Cada estrofa tiene la misma melodía y los mismos acordes. La melodía está realizada a partir de dos frases: a y b.

Escucha, comprueba, reflexiona...

«Das wandern», *La bella molinera,* de F. Schubert.

1 Escucha atentamente la audición y fíjate en la forma. Ayúdate de la partitura para seguir el desarrollo de cada frase musical.

2 Escucha el acompañamiento rítmico marcado del piano, que representa la acción de caminar. Indica con qué figuraciones crees que se representa en la partitura el sonido de un arroyo.

3 Copia en tu cuaderno de pentagramas los compases que forman la frase A. Marca en la partitura si aprecias matices de intensidad y dónde.

2.2 Franz Schubert

Franz Schubert nació en Viena (Austria) en 1797. A pesar de que solo vivió 31 años, compuso un gran número de obras. Se dedicó ante todo a componer lieder, pero también realizó sonatas para piano y música sinfónica.

Compuso más de 600 lieder, que agrupaba a veces en colecciones llamados ciclos, como *La bella molinera* o el *Viaje de invierno.* Se caracterizan por utilizar la música de manera narrativa para describir la historia centrada en el texto.

Además de destacar como compositor de lieder, fue propulsor de los conciertos íntimos en los que se reunía con sus amigos para disfrutar de la música (schubertiadas).

Schubert y la música vocal romántica

Franz Schubert compuso todas sus obras durante la época del Romanticismo. Este período se desarrolló durante el siglo XIX.

Uno de los géneros vocales destacados de dicho período fue el lied. Este género se desarrolló en Alemania con textos de grandes escritores como Goethe o Schiller.

Otros compositores representativos de lied romántico fueron R. Schumann y J. Brahms.

Investiga

Sapphische Ode, lied op. 94, n.º 4. de J. Brahms. En él vas a apreciar el papel que juega el piano interrelacionándose con la soprano.

Morgen steh'ich auf und frage, lied de R. Schumann. Vas a escuchar la voz del barítono con un acompañamiento de piano.

Lieder: canciones

Las schubertiadas eran las veladas que Schubert organizaba para dar a conocer a sus amigos sus nuevas obras.

Comprende, piensa, aplica...

1 Define qué es un lied.

2 Indica cuál es la forma del lied más sencilla y de qué se compone.

3 Identifica qué registro de voz tiene el cantante que interpreta el lied de la audición de la página anterior.

4 Destaca tres aspectos de la vida de Schubert.

5 Escribe en tu cuaderno las principales características del romanticismo musical.

6 Crea un texto para la música del lied «Das wandern» y escríbelo en tu cuaderno.

Taller de interpretación

Interpreta *El trébole*

La canción *El trébole* pertenece al estilo folk. Es una canción popular y, por tanto, de autor anónimo.

Prepara la melodía

Como podrás observar, en la sección B la melodía es doble, canta solo la línea inferior, la superior la tocarán los xilófonos sopranos.

1 Interpreta las figuras de la melodía solo con sílabas rítmicas y con percusión corporal.

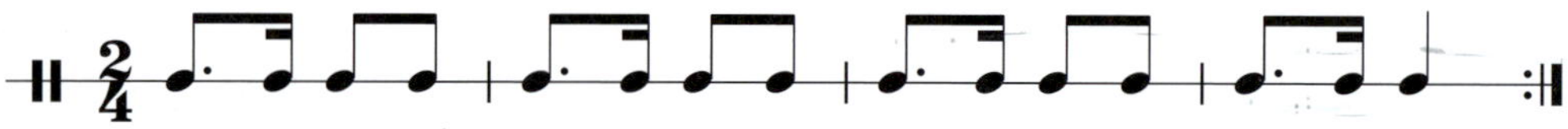

2 Primero, entona los nombres de las notas sin tener en cuenta su duración. Pon atención en la notas *fa* pues, en la introducción y en la sección A, el *fa* es sostenido y en la sección B, es becuadro (sin alteración, natural). Puedes ayudarte de la flauta para mantener la afinación.

3 Entona ahora la melodía, teniendo en cuenta la duración de las notas.

4 Antes de preparar el acompañamiento, escucha la canción y aprende la letra.

Prepara el acompañamiento

1 Formad tres grupos para practicar, por separado, una de las líneas del acompañamiento de la canción. Un grupo toca el pandero, otro los xilófonos bajos y, otro, los xilófonos altos. Probad después a interpretar juntos las tres líneas.

8 **El trébole**

Popular / Eva F. Gancedo

I A B I A B I A B B

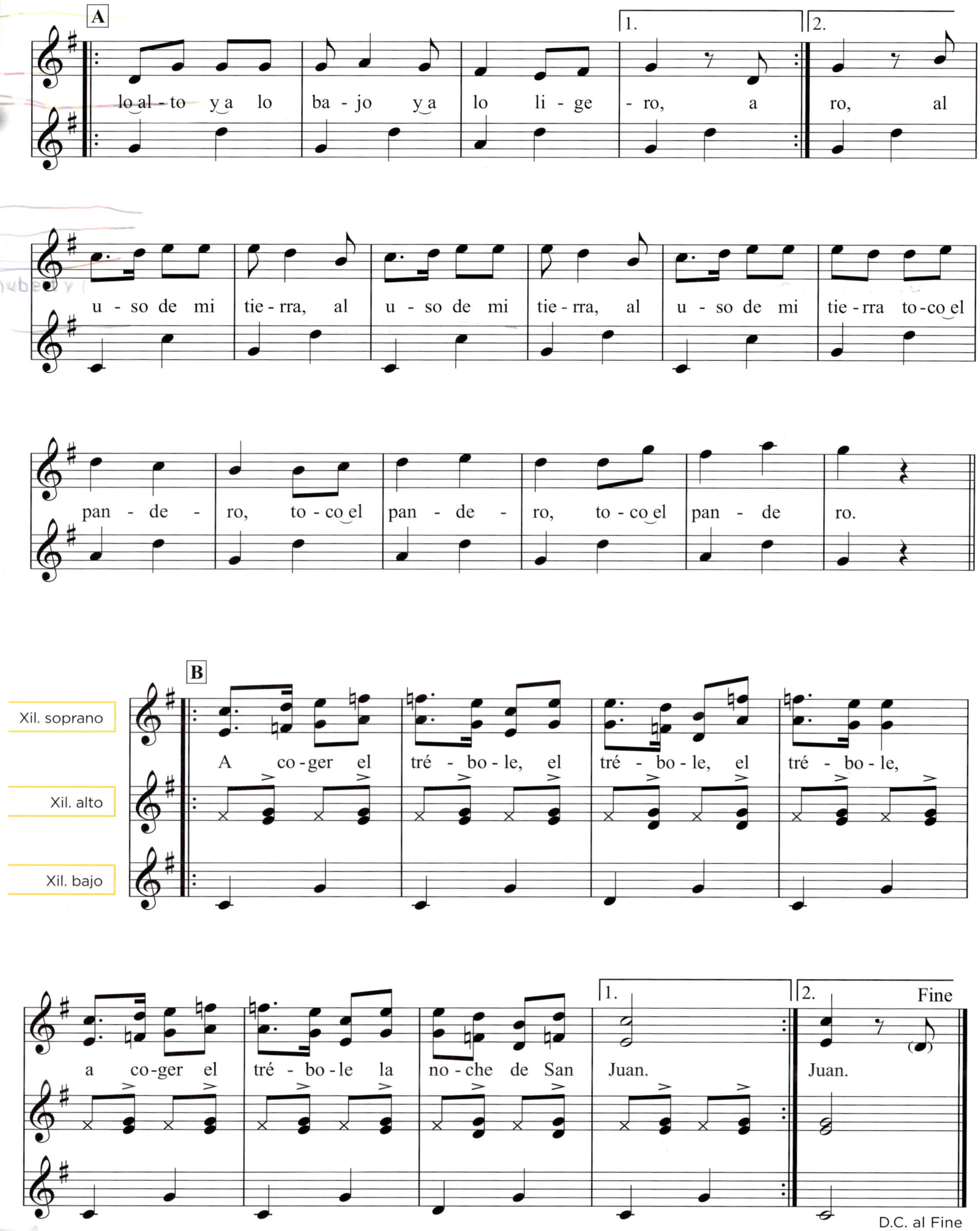
A
1.
2.
lo al - to y a lo ba - jo y a lo li - ge - ro, a ro, al
u - so de mi tie - rra, al u - so de mi tie - rra, al u - so de mi tie - rra to - co el
pan - de - ro, to - co el pan - de - ro, to - co el pan - de ro.
B
Xil. soprano
Xil. alto
Xil. bajo
A co - ger el tré - bo - le, el tré - bo - le, el tré - bo - le,
a co - ger el tré - bo - le la no - che de San Juan. Juan.
Fine
D.C. al Fine

Experimenta con la danza

El minué es un baile de origen francés en compás ternario. Es una danza solemne que se baila en pareja. Se caracteriza por la ejecución en pequeños pasos, en postura erguida y realizando profundas reverencias e inclinaciones. La reverencia es uno de los pasos más importantes y característicos de este tipo de bailes del siglo XVIII. Existía todo un repertorio de reverencias, que dependían mucho de la indumentaria que se llevara.

La forma musical del minué, denominada **minueto,** es A A B A. La primera sección, A, se llama **minué;** la segunda sección, B, se denomina **trío.** En ocasiones, como en el siguiente ejemplo, las secciones B-A se repiten.

Baila el siguiente minué, teniendo en cuenta que el paso de cada viñeta dura cuatro compases de 3/4.

Practica

Minueto en Fa mayor, de F. Schubert.

1. Salida al frente y reverencia.

2. El balanceo.

3. Los celos y cambio de lugar del caballero.

4. El balanceo.

5. Los celos y cambio de lugar del caballero.

6. El balanceo.

7. Vuelta de la pareja.

8. Vuelta con la pareja.

Reverencia final.

Trabaja con lo aprendido

Comprueba

1 Escribe en tu cuaderno las alteraciones y cuáles son sus efectos.

2 Explica cuál es el efecto de una alteración al ponerla delante de una nota.

3 Explica el efecto que produce escribir la alteración en la armadura.

4 Indica cuántas notas forman la escala diatónica.

5 Identifica en la escala de *sol* mayor cuál es la nota alterada.

6 Escribe la definición de música tonal.

7 Cita uno de los ciclos de lieder compuestos por Franz Schubert.

Practica

8 Interpreta con sílabas rítmicas el siguiente fragmento. Presta atención al ritmo de corchea con puntillo y semicorchea.

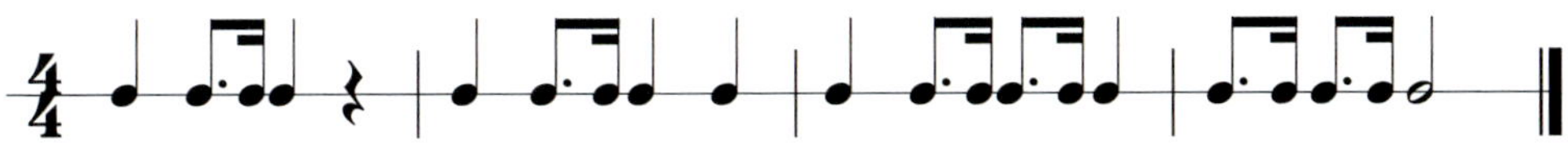

9 Copia en tu cuaderno el siguiente pentagrama y escribe debajo el nombre de cada nota. Después, dibuja junto a cada nota alterada su correspondiente nota enarmónica.

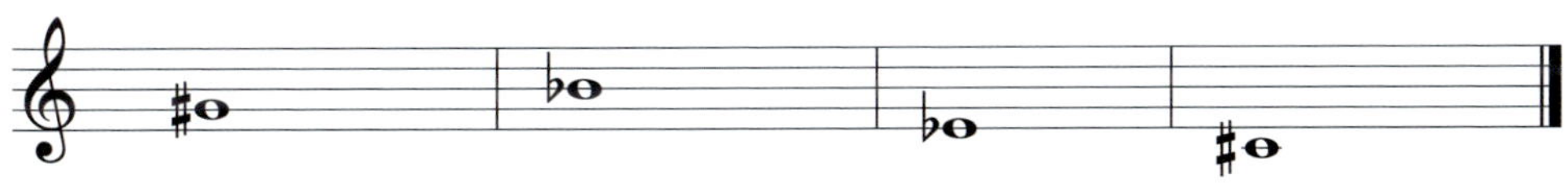

Crea

10 Crea un sencillo fragmento melódico de cuatro compases, que utilice la escala pentatónica. Escríbelo en tu cuaderno e interprétalo con un instrumento de láminas.

Investiga

11 Busca información en Internet y haz un sencillo trabajo sobre el lied, desde su origen hasta su auge en el s. XIX. Expón ante la clase el trabajo realizado.

La baraja rítmica

Recuerda que cada figura tiene un valor y, sumando figuras, en un compás se pueden completar determinado número de pulsos. Observa el siguiente ejemplo en un compás cuaternario:

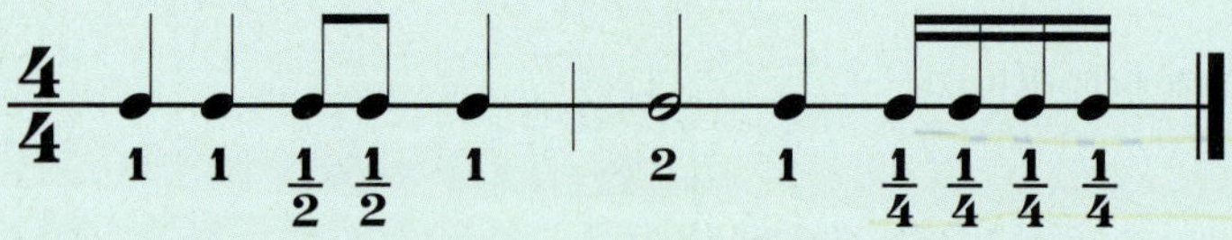

Formad grupos y seguid los pasos que se indican para elaborar una baraja de figuras, con el fin de crear diferentes ritmos de forma aleatoria.

Construid la baraja

1 Dibujad en una cartulina cuatro veces la baraja de figuras tal y como se indica. Fijáos en que cada carta contiene una figura y su duración en relación con el pulso. Además, cada color se asociará a una determinada duración: verde, un pulso; blanco, cuatro pulsos; azul, dos pulsos; amarillo, medio pulso; naranja, un cuarto de pulso.

2 Es preferible que la cartulina sea de un color diferente para cada duración. Si no, puede ser blanca y colorearla según corresponda.

Repartid las cartas

3 Barajad y poned en el centro ocho cartas. Solo por el color, sin ver si es figura o silencio, colocad una fila que complete los ocho pulsos. Tened en cuenta que los pulsos deben completar dos compases cuaternarios.

4 Si en el primer reparto no completáis bien el compás, podéis ir cogiendo del montón sobrante hasta conseguir las figuras necesarias.

Interpretad el ritmo

5 Una vez completados los dos compases de cuatro pulsos cada uno, dad la vuelta a las cartas e interpretad, con sílabas rítmicas y con percusión, el ritmo aleatorio que el azar os ha asignado.

6 Podéis introducir pequeños cambios si consideráis que mejorará el ritmo.

Extraed conclusiones

7 Haced una puesta en común con el resto de los grupos sobre cuáles han sido las dificultades surgidas en la elaboración de los ritmos.

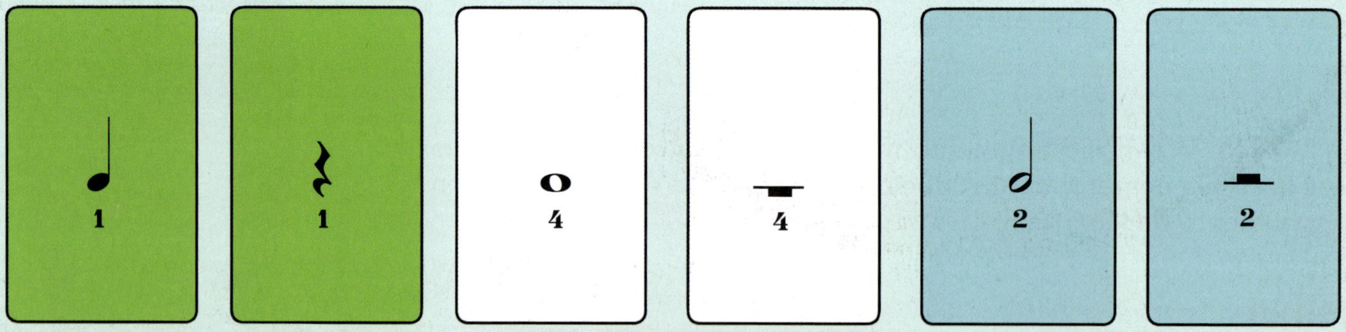

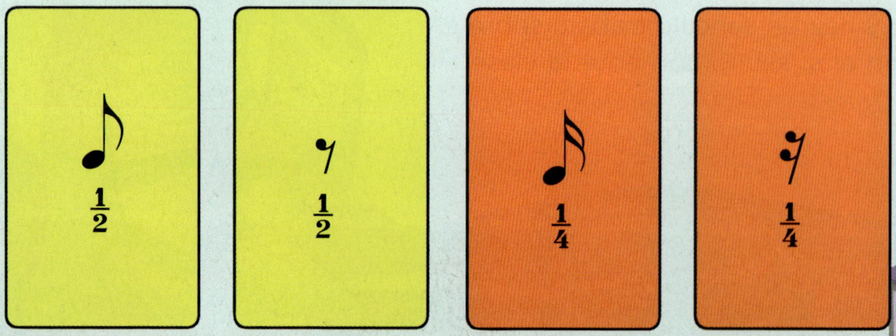

8

Orfebrería musical

Elemento a elemento

Toda obra musical parte de un pequeño motivo o idea creado con un número reducido de notas. Estas notas son organizadas por el compositor en un cierto orden, a diferente distancia unas de otras, a veces muy separadas, otras veces, juntas.

Los intervalos musicales entre cada dos notas nos transmiten distintas sensaciones (emociones). Dichas notas pueden sonar una detrás de otra o a la vez.

Veo, pienso, me pregunto... Después, comparto.

1. Qué tipo de agrupamiento observamos en la fotografía.
2. Qué relación podría haber entre lo observado y la manera de agrupar las notas.
3. Si dicho agrupamiento sonara, cómo crees que lo haría.

1 Notas cercanas, notas lejanas

1.1 El intervalo musical

Entre dos notas de una melodía siempre se recorre una determinada distancia de la escala, ya sea en sentido ascendente o descendente. Esta distancia se recorre subiendo o bajando un número de «escalones», de notas.

El **intervalo** es la distancia que hay entre dos notas cualesquiera.

Un intervalo puede ser **ascendente,** cuando va desde una nota grave hacia una aguda, o **descendente,** cuando va desde una nota aguda a una grave.

En la partitura se pueden producir diferentes tipos de intervalos según lo cercanas o alejadas que estén las dos notas que lo forman y se nombran por el número de notas que hay entre la primera y la segunda nota, ambas incluidas. Se utilizan los **números ordinales.**

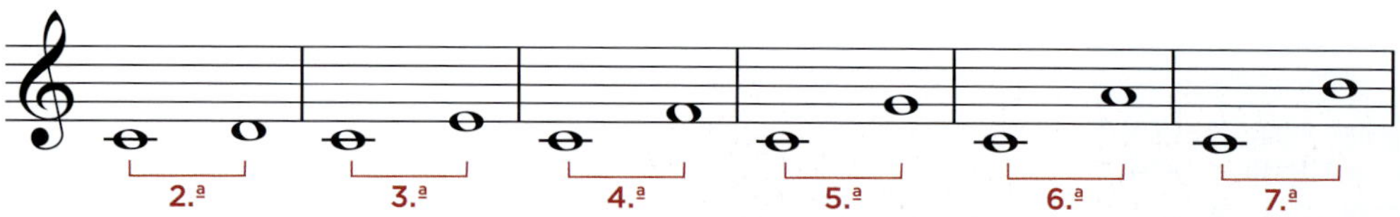

Observa el siguiente fragmento melódico. El primer compás tiene un intervalo de quinta ascendente, porque subimos cinco notas, entre *do* y *sol*, al interpretarlo; el cuarto compás tiene un intervalo de séptima ascendente, porque subimos siete notas, entre *do* y *si*; y el quinto compás tiene un intervalo de octava descendente, porque bajamos ocho notas, entre *do'* y *do*.

Intervalos de cine

¿Sabías que el tema principal de la película *La guerra de las galaxias,* comienza con un intervalo de 5.ª ascendente y el de la película *El mago de Oz,* «Somewhere over the rainbow», con un intervalo de 8.ª ascendente?

1.2 El intervalo melódico y el intervalo armónico

Las notas de un intervalo pueden estar dispuestas en sentido horizontal, una detrás de otra; o en sentido vertical, una encima de otra. Esto da lugar a dos tipos de intervalos: melódicos y armónicos.

En el **intervalo melódico,** las notas están escritas en horizontal y suenan una a continuación de la otra.

En el **intervalo armónico,** las notas están escritas en vertical y suenan a la vez.

Observa, por ejemplo, los siguientes intervalos:

Intervalo melódico

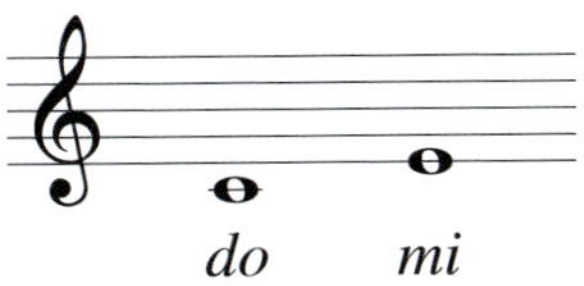

Intervalo armónico

Los intervalos armónicos solo pueden ser interpretados por instrumentos armónicos o polifónicos, es decir, instrumentos que pueden emitir más de un sonido de manera simultánea. Alguno de ellos son la guitarra, el piano o el xilófono. Los intervalos melódicos pueden ser interpretados por cualquier instrumento que emita sonidos con diferente altura.

El rincón TIC

Con una guitarra o piano virtual, escoge una secuencia de acordes para después escucharla a un tempo seleccionado y con una duración determinada de cada uno de ellos. Intenta componer una melodía con tu voz, sobre dicha secuencia.

El piano y la marimba son instrumentos armónicos, es decir, pueden tocar dos o más notas a la vez.

Comprende, piensa, aplica...

1 Define qué es un intervalo. Indica cómo se nombran los intervalos.

2 Señala cuál es la diferencia entre un intervalo armónico y otro melódico.

3 Razona si una flauta puede interpretar intervalos armónicos.

4 Busca en Internet otros instrumentos armónicos distintos a los citados anteriormente.

5 Clasifica y nombra los siguientes intervalos melódicos y armónicos.

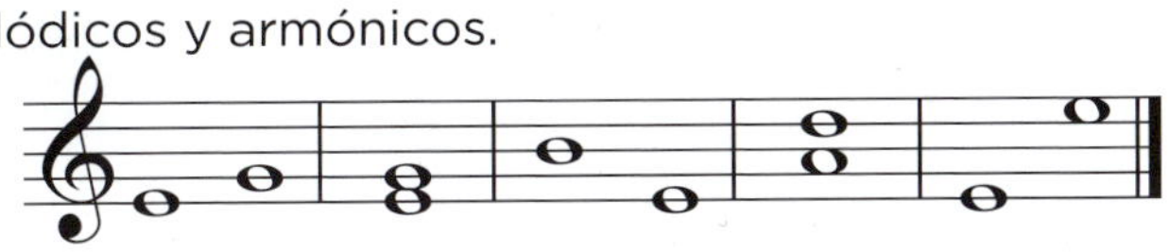

1.3 El acorde

Una melodía puede estar acompañada por sonidos que, interpretados de manera simultánea, forman la armonía de la obra. La armonía es el conjunto de acordes, que son notas que suenan a la vez.

El **acorde** es un conjunto de tres o más notas distintas que suenan al mismo tiempo, es decir, armónicamente.

Los acordes son utilizados por los compositores para acompañar y enriquecer la obra musical. Se pueden ejecutar de varias maneras:

- Tocando sus notas simultáneamente.
- Haciendo arpegios con sus notas, es decir, tocándolas una a continuación de otra, de manera rápida, generalmente de la más grave a la más aguda.

Hay infinidad de combinaciones de notas que dan lugar a diferentes acordes con distintas sonoridades.

Escucha, comprueba, reflexiona...

Estudio n.º 11 op. 25, de F. Chopin.

1. Escucha atentamente el comienzo de la audición y comprueba cómo suena la melodía que, más adelante, es interpretada con acordes. Apreciarás cómo suenan de manera simultánea las notas.
2. Copia los compases uno y dos escritos en clave de *sol* y nombra en cada acorde el número de notas que se tocan simultáneamente.

1.4 El acorde tríada

Los acordes más utilizados en acompañamientos son los acordes tríada y están compuestos de tres notas:

- Una nota fundamental, que es la más grave, y que da nombre al acorde.
- Una segunda nota, que se encuentra a distancia de tercera de la nota fundamental.
- Una tercera nota, que se encuentra a distancia de quinta con respecto a la fundamental.

El **acorde tríada** se obtiene combinando las notas primera, tercera y quinta desde una nota cualquiera a la que denominamos fundamental.

Observa, a continuación, cómo el acorde tríada de *do* lo componen la nota *do*, su tercera *(mi)* y su quinta *(sol)*.

Los acordes tríada son la base sobre la que se construyen el resto de acordes. Cada estilo musical tiene su particular combinación de acordes y un modo especial de distribuir sus tres notas entre los instrumentos.

Concierto de música clásica

Concierto de música pop

Comprende, piensa, aplica...

1 Define qué es un acorde. Escribe en tu cuaderno de pentagramas dos acordes.

2 Escribe en tu cuaderno de qué formas se puede ejecutar un acorde.

3 Explica cómo se forma un acorde tríada y escribe un ejemplo en tu cuaderno.

4 Señala qué notas forman el acorde tríada de *re* y que notas el de *sol*.

1.5 Los acordes de una escala

Los acordes tríada se pueden formar sobre cualquiera de las notas de una escala. Los más utilizados son los acordes I (primer grado-tónica), IV (cuarto grado-subdominante) y V (quinto grado-dominante).

Observa los acordes que se pueden formar desde la escala de *do* mayor:

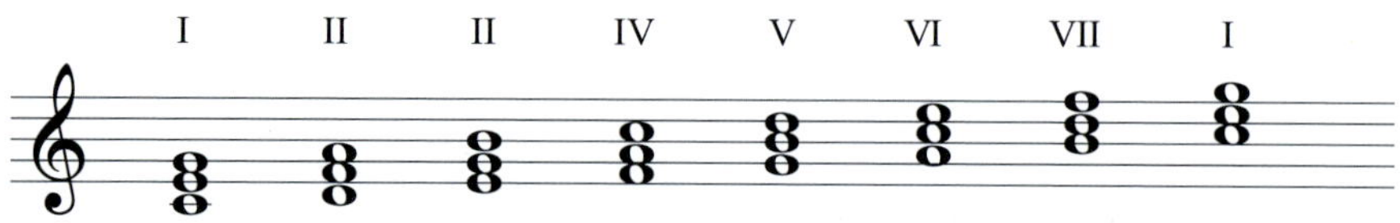

Cada acorde tiene su «carácter» en función de las notas que lo forman. Por ello, una determinada combinación de acordes condiciona gran parte del carácter musical de la obra.

1.6 El cifrado americano de acordes

El cifrado americano de acordes consiste en el empleo de letras mayúsculas para representar acordes. Esto facilita su lectura e interpretación, ya que, al corresponder cada letra siempre a la misma tríada, se puede saber inmediatamente, sin necesidad de escribirlas, qué notas hay que tocar.

Observa el cifrado de los acordes de la tonalidad de *do* mayor:

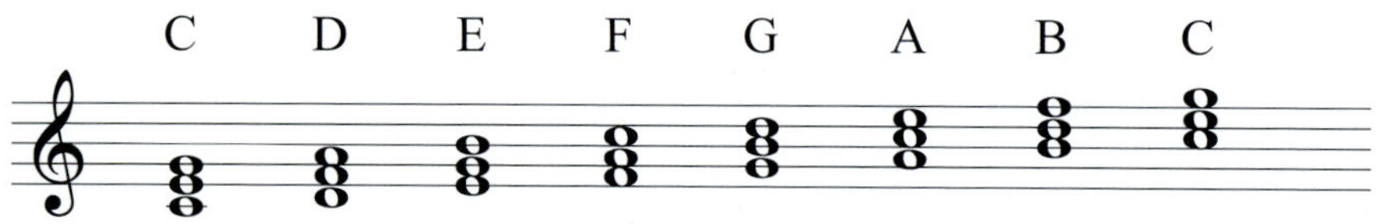

Este cifrado es muy habitual en la música jazz y en los estilos modernos.

Correspondencia del cifrado

- **A** acorde de *la*
- **B** acorde de *si*
- **C** acorde de *do*
- **D** acorde de *re*
- **E** acorde de *mi*
- **F** acorde de *fa*
- **G** acorde de *sol*

Comprende, piensa, aplica...

1 Describe cuáles son y cómo se llaman los acordes de tríada más utilizados.

2 Señala cuál es el acorde de tónica de la tonalidad de *do* mayor.

3 Indica en qué consiste el cifrado de acordes. Escribe en tu cuaderno la correspondencia del cifrado.

4 Escribe en tu cuaderno los acordes de E, G, C y A correspondientes al cifrado americano.

Practica el lenguaje musical

Con figuras

1 Observa y aprende este nuevo ritmo. Consiste en tocar tres notas dentro de un mismo pulso. Puedes practicarlo de dos maneras diferentes:

Primera forma:

1. Comienza interpretando el ritmo como si fueran semicorcheas:

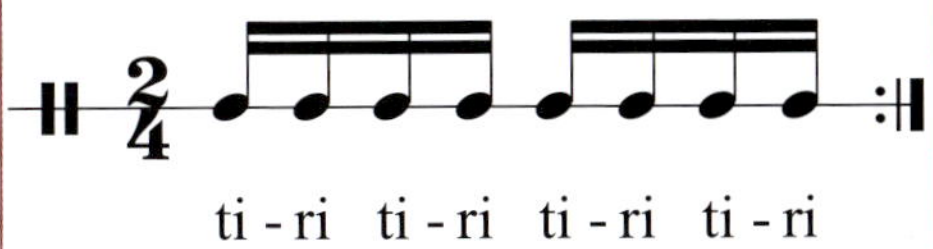

2. Suprime la segunda semicorchea, alargando la primera:

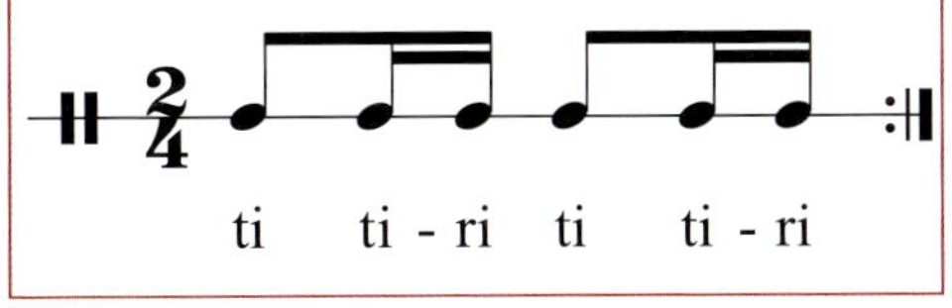

Segunda forma:

1. Comienza interpretando el ritmo como si fueran dos corcheas:

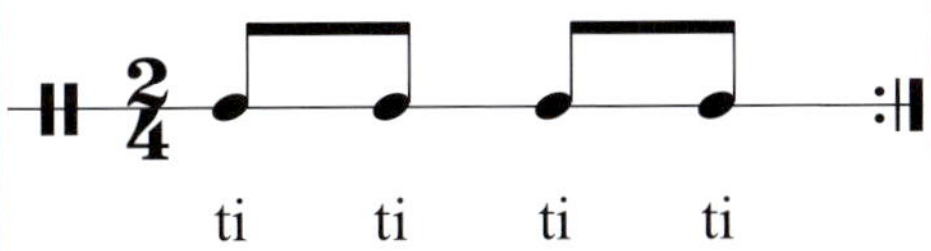

2. Divide la segunda corchea en dos figuras:

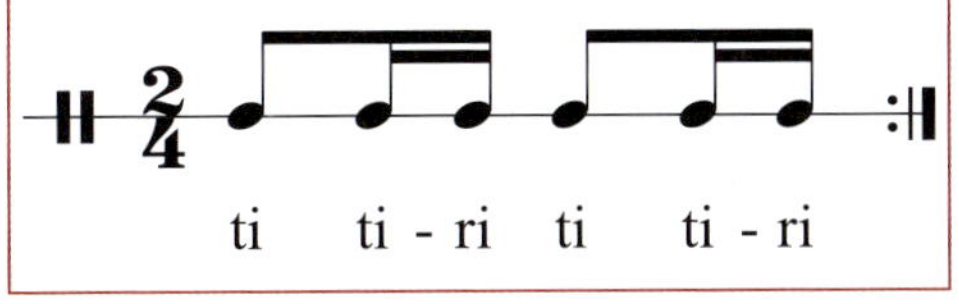

2 Interpreta los siguientes fragmentos para conseguir agilidad en la ejecución del nuevo ritmo. Si quieres, puedes acompañarte de una base rítmica de tu CD audio, pero ten en cuenta su compás.

①

②
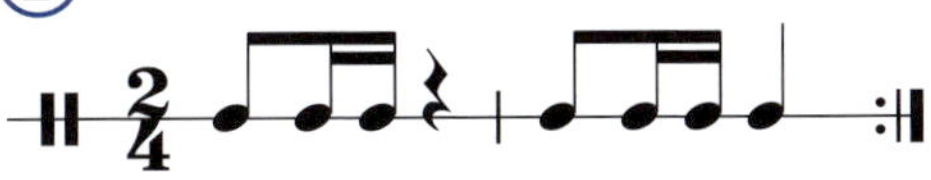

③

④
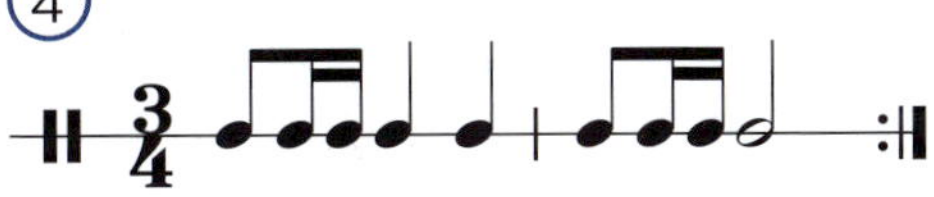

Con notas

3 Interpreta los fragmentos con un instrumento melódico. Comienza lentamente y aumenta la velocidad a medida que los vayas interpretando con mayor soltura.

①

②

③

④

2 Escucha un nocturno de Chopin

2.1 Una audición con fuerza armónica y melódica

El fragmento que vas a escuchar pertenece al *Nocturno n.º 15 en Fa menor,* del compositor Fréderic Chopin (1810-1849). Se trata de una obra para piano de carácter intimista.

> **Nocturno** es una forma musical característica de la época romántica, compuesta para piano, de carácter intimista y melancólico.

El origen del término «nocturno» se basa en que el carácter de la música evocaba a la noche. Los nocturnos son obras breves de un solo movimiento.

Chopin popularizó este tipo de obras y compuso, a lo largo de quince años, más de veinte nocturnos.

La estructura del fragmento

El *Nocturno n.º 15 en Fa menor* consta de tres secciones: A B A'. La sección A está formada por los temas *abba;* la sección B, por los temas *C* y *D;* y la sección A', por el tema *a* y por la coda.

Escucha, comprueba, reflexiona...

Nocturno n.º 15 en Fa menor, de Fréderic Chopin.

1. Escucha atentamente el fragmento y comprueba la fuerza de los acordes dentro de la composición, siguiendo los primeros compases de la audición.
2. Aprecia auditivamente la diferencia entre la frase musical y el acompañamiento creado con acordes.

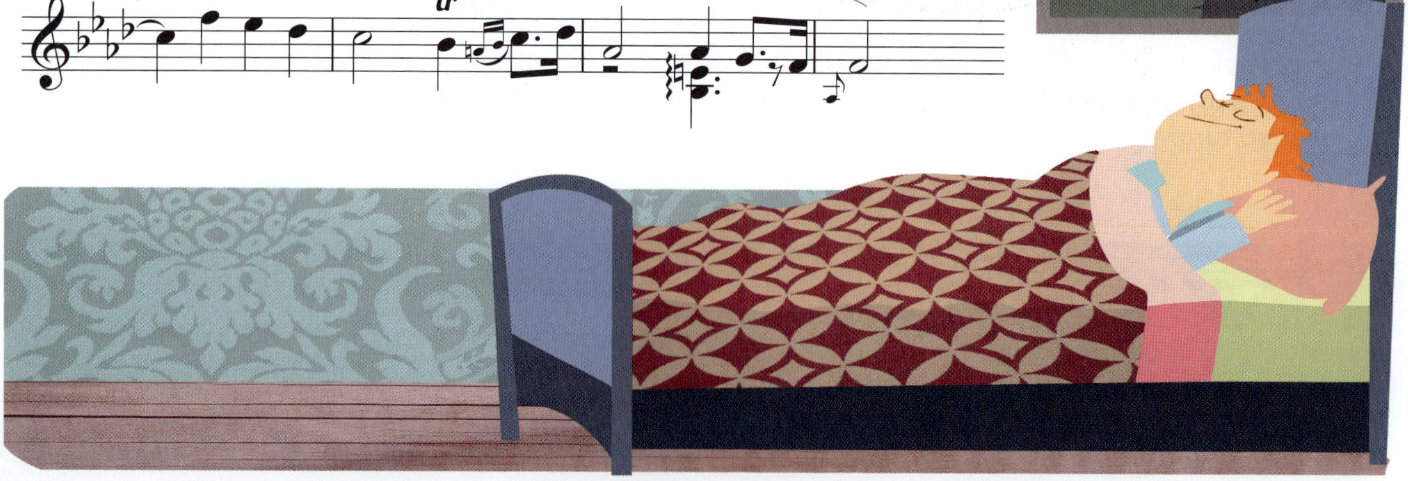

2.2 Fréderic Chopin

Chopin nació en Zelazowa Wola (Polonia), en 1810 y murió en París en 1849. Fue compositor y pianista. Destacó en la música desde que era niño. Con ocho años tocaba el piano y componía y, a los nueve, dio su primer concierto.

Chopin compuso muchas obras para piano, sobre todo breves piezas como el nocturno que acabas de escuchar.

Sus obras representan el romanticismo musical en estado puro. En ellas abunda la tradición folklórica de su país, como en las polonesas y las mazurcas, ambas danzas de origen polaco.

Chopin y el piano romántico

El piano fue el instrumento más representativo del Romanticismo y el predilecto de los compositores a la hora de escribir e interpretar sus obras. Se convirtió en el instrumento ideal para los músicos románticos debido a sus posibilidades sonoras y expresivas.

Para piano se crearon formas instrumentales específicas, de carácter libre, casi improvisado. Algunas de ellas son las romanzas, los caprichos, los preludios, los nocturnos, etc.

Todos los músicos de esta época compusieron obras para piano, especialmente, Schubert, Chopin, Brahms y Liszt.

Investiga

Estudio n.º 3 op. 10, de F. Chopin.

El estudio se denomina *Tristeza*, y en él podrás apreciar cómo el piano es capaz de transmitir ese sentimiento sin necesidad de estar acompañado por la voz o por otros instrumentos.

Chopin componiendo sus Preludios para piano, obra pintada por Lionello Balestrieri.

Comprende, piensa, aplica...

1 Describe qué es un nocturno. ¿En qué está basado el término?

2 Localiza cuántas secciones tiene el nocturno de la audición.

3 Indica por qué el piano fue el instrumento más característico del Romanticismo.

4 Cita los compositores románticos que compusieron especialmente obras para piano.

5 Realizad en grupo un pequeño trabajo de investigación, sobre el piano romántico y los compositores que compusieron obras para este instrumento, durante el siglo XIX.

Interpreta *Polca cuesta abajo*

A continuación, vas a aprender a interpretar una polca. La polca es una danza popular centroeuropea con un ritmo vivo, muy marcado, en compás binario. Originariamente, era un baile en corro, aunque hoy día se baila también en parejas.

Prepara la melodía

1 El siguiente fragmento melódico corresponde a los cuatro primeros compases de la melodía. Observa que tienen el mismo motivo que se repetirá a lo largo de la composición, aunque en diferentes notas.

2 Los motivos melódicos contienen el ritmo aprendido en esta unidad. Comienza leyéndolos con sílabas rítmicas y, después, con el nombre de las notas, sin perder el ritmo.

3 Interpreta el fragmento con un instrumento de láminas. Su tempo es rápido, por lo que debes utilizar las dos baquetas.

Prepara el acompañamiento

1 Fíjate en el número ocho bajo el pentagrama del acompañamiento. Indica que las notas escritas suenan un intervalo de octava más grave.

2 Interpreta con un xilófono bajo para escuchar su sonoridad.

Polca cuesta abajo

Carlos G. Cuéllar

I A A B B A A B B

Hoy toca... la guitarra eléctrica

La guitarra eléctrica es un instrumento electrófono que nació en la primera mitad de siglo XX en los Estados Unidos. El sonido se produce al convertir la vibración de las cuerdas en señales eléctricas mediante unos micrófonos con pastillas electromagnéticas. La señal eléctrica es enviada a un amplificador y son unos altavoces los que permiten escuchar el sonido ya amplificado.

La guitarra eléctrica es el instrumento más utilizado en géneros como el *blues* o el rock.

Escucha, comprueba, reflexiona...

Johnny B. Goode, de Chuck Berry.

Se trata de una canción de estilo rock and roll del cantante e instrumentista Chuck Berry. En ella podrás apreciar el importante papel de la guitarra eléctrica en la composición de este tipo de música. La letra es autobiográfica y narra la historia de un chico que toca la guitarra con el sueño de ser famoso en los escenarios.

1. Anota en qué siglo nació la guitarra eléctrica.
2. Indica cuál es el mecanismo de producción de sonido.
3. Dibuja en tu cuaderno de clase una guitarra eléctrica y señala las partes fundamentales de las que está compuesta.

Trabaja con lo aprendido

Comprueba

1 Indica cuál es la diferencia entre un intervalo ascendente y otro descendente. Escribe un ejemplo de cada uno.

2 Describe qué es un instrumento armónico.

3 Escribe en tu cuaderno los acordes tríada a partir de las notas *re* y *la* con todas sus notas. ¿Qué cifrado americano les corresponde?

4 Razona por qué el cifrado facilita a los músicos la lectura e interpretación de los acordes.

5 Indica cuál fue el instrumento preferido por los músicos románticos.

6 Copia en tu cuaderno de pentagramas los siguientes cifrados de acordes. Escribe debajo de cada acorde las notas correspondientes a cada uno de ellos.

C **E** **F** **G**

Practica

7 Copia en tu cuaderno los siguientes intervalos. Nómbralos e indica cuáles son armónicos y cuáles melódicos.

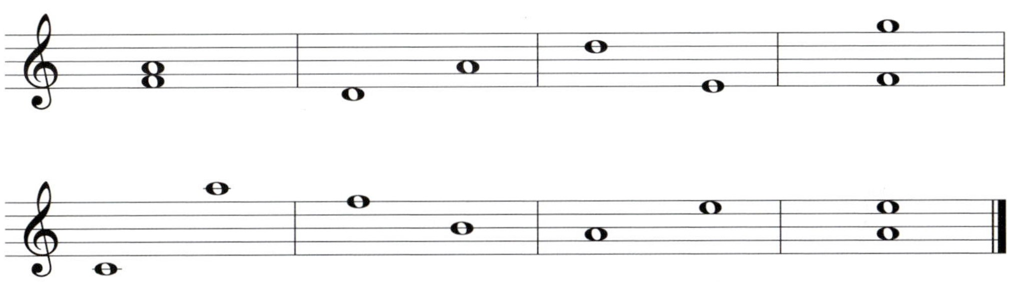

8 Escribe en un pentagrama los acordes de acompañamiento que hay en el siguiente fragmento e indica el número de compás en el que se encuentra.

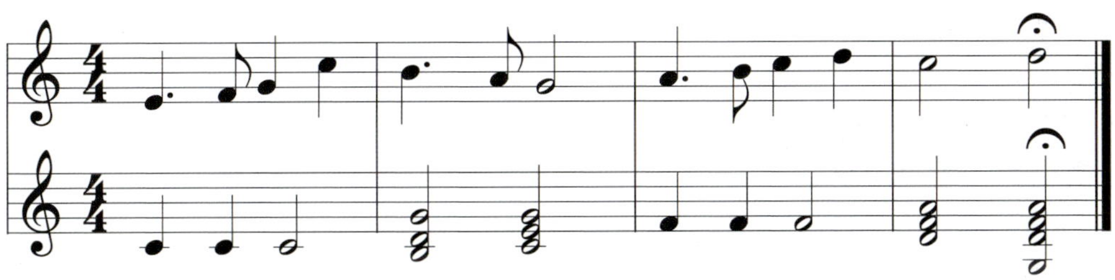

Investiga

9 Buscad información y realizad en pequeño grupo un breve trabajo sobre las composiciones para piano de Chopin: qué características tienen, qué formas pianísticas cultivó, en qué época, etc. Exponed en clase el trabajo realizado.

El arreglo musical

El arreglista es la persona que se encarga de distribuir los elementos de un tema entre los diferentes instrumentistas, decide los acompañamientos y diseña la versión definitiva de la música.

Abajo, puedes ver una melodía y un acompañamiento sencillo de un tema estrófico (solo tiene estrofas) y una línea rítmica. La propuesta es que realices un arreglo musical y lo acompañes de un texto.

Elige los recursos

1 Escribe en tu cuaderno con qué instrumentos cuentas en el aula para poder, después, interpretar la obra con varios compañeros y compañeras.

Planifica la acción

2 Planifica de manera autónoma y por escrito cómo realizarías un sencillo arreglo con los materiales musicales dados. Para ello, debes decidir:

a) Si añadirás introducción o no, cuántas estrofas va a tener (depende de la letra), si incluirás, además, un puente o una coda...

b) Qué instrumentos van a tocar la melodía principal, cuáles el acompañamiento con instrumentos graves y cuáles el acompañamiento de percusión.

c) Adjudica a los compañeros seleccionados el instrumento que va a tocar cada uno e indica quién va a cantar. Después, sitúalos correctamente para obtener una buena sonoridad.

d) Qué dispositivos utilizar para grabar la música.

Sé creativo y original

3 Escribe una letra que encaje bien en la melodía.

4 Realiza y escribe en pentagramas el arreglo definitivo, especificando qué instrumentos lo van a interpretar.

Puesta en común

5 De entre todos los arreglos propuestos en clase, seleccionad dos e interpretadlos ante los demás.

Melodía (instrumentos agudos)

Acompañamiento (instrumentos graves)

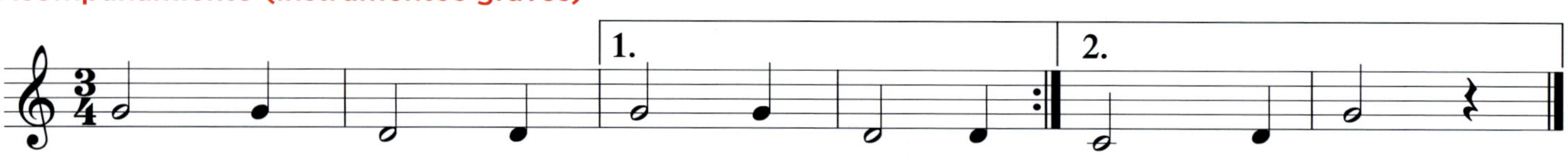

Acompañamiento (instrumentos de percusión)

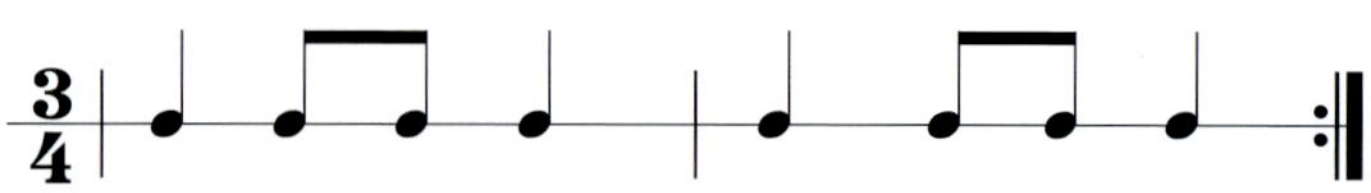

Más música

- Canta en inglés
- Posiciones de flauta dulce

1. For Auld Lang Syne

La canción siguiente, atribuida a Robert Burns, poeta escocés del siglo XVIII, es una célebre melodía que se canta en los países anglosajones en numerosas ocasiones; especialmente, en Año Nuevo.

Voz
Flauta
Xilófonos

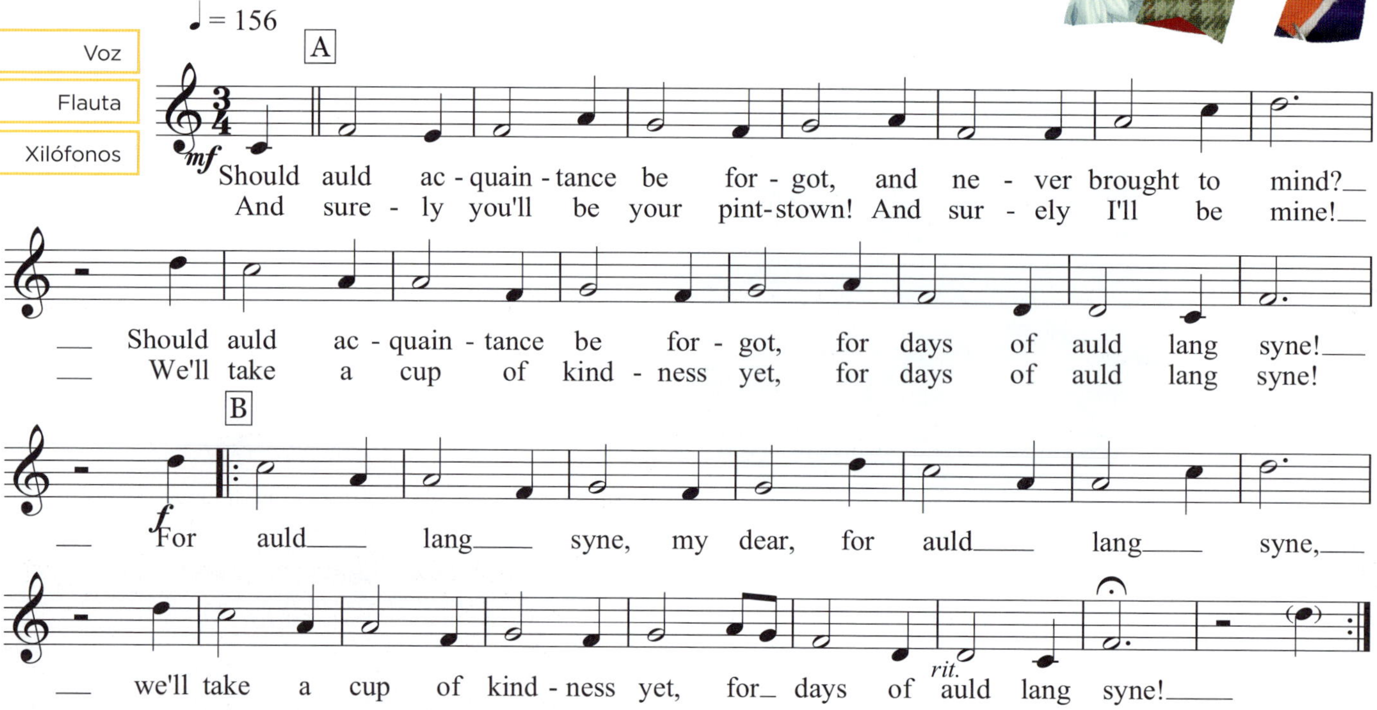

2. Always on my Mind

La canción *Always on my Mind,* interpretada por Willie Nelson, recibió en 1983 dos premios Grammy. La versión ha formado parte del repertorio de conocidos cantantes como Elvis Presley.

Voz
Flauta
Xilófonos

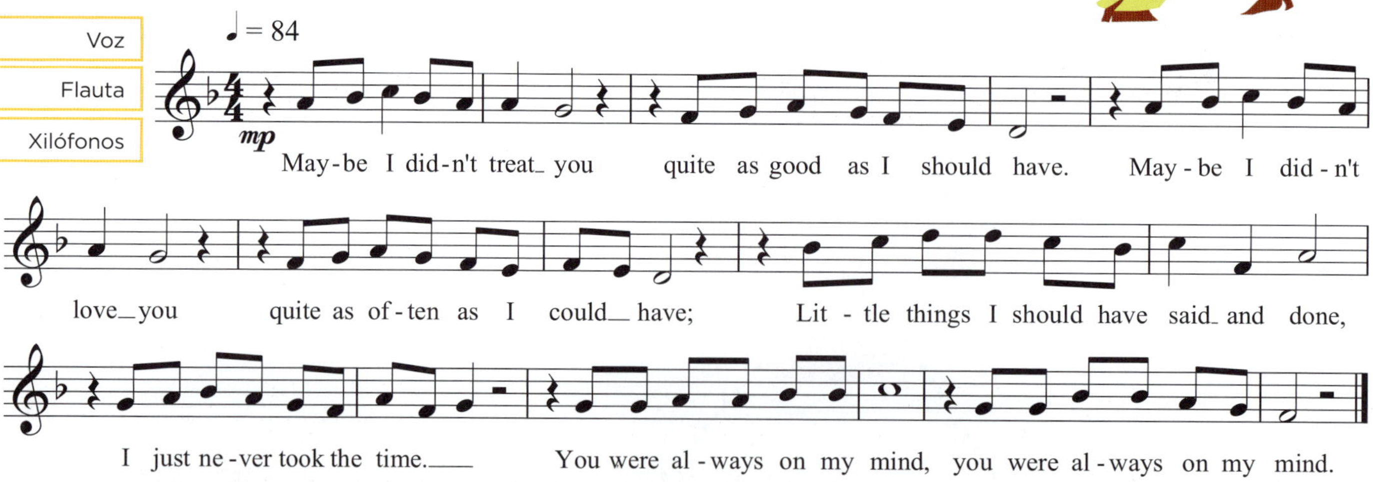

3. Stand by Me

La canción *Stand by Me* fue compuesta por B.E. King para uno de los cantantes del famoso grupo de soul The Drifters, que nunca llegó a grabarla. Se considera que está entre los cinco primeros temas más interpretados durante el siglo XX.

Voz

Flauta

Xilófonos

4. Memory

Memory es el tema principal del musical *Cats,* compuesto por Andrew Lloyd Webber y estrenado en Broadway (Nueva York) en 1982. Desde entonces se ha interpretado en los teatros de diversos países, también en España.

Voz

Flauta

Xilófonos

5. Hey, ho, nobody home

Esta es una canción tradicional que se puede cantar en forma de canon. Fue escrita en hebreo, originalmente, y está traducida a múltiples lenguas.

6. The ship that never returned

Es una canción estadounidense de la segunda mitad del siglo XIX cuya letra narra la historia de un barco que desaparece. En aquella época era habitual la desaparición de naves debido a la climatología y la falta de radares y radio.

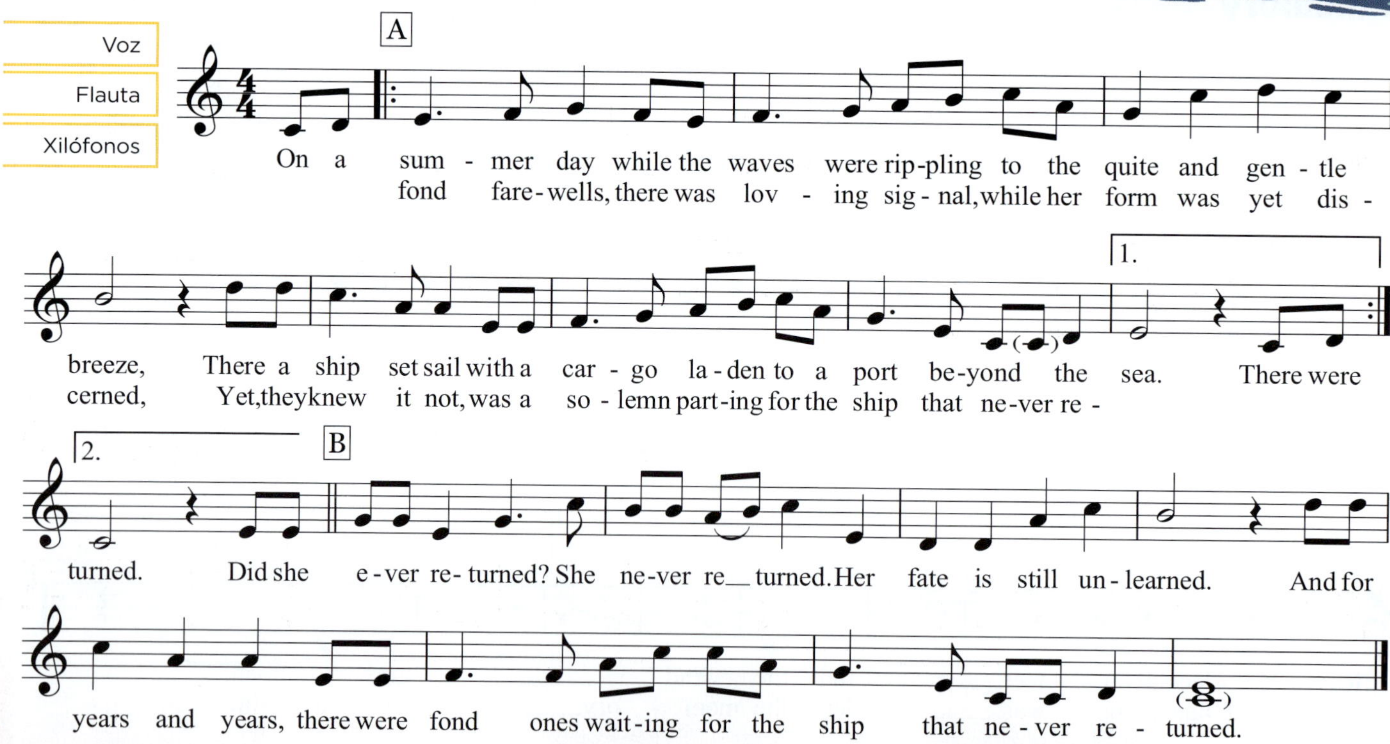

7. Music alone shall live

Esta canción tradicional es de origen alemán y se canta en forma de canon. La letra en alemán es la siguiente: Himmel und Erde / müssen vergebn. / Aber die Musica / bleibert bestehn!

Voz

Flauta

Xilófonos

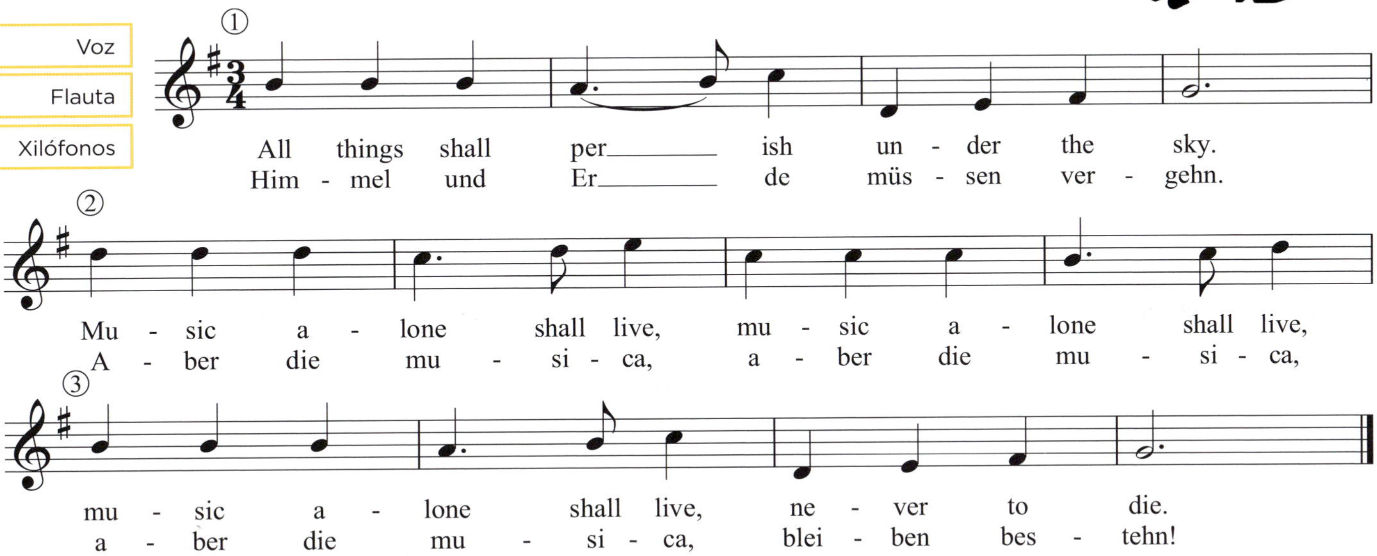

8. Kum bay ya

Kum bay ya es un himno estadounidense de principios del siglo XX que significa «Ven por aquí». Está escrito en lengua gullah, mezcla del idioma inglés con algunas lenguas de los esclavos afroamericanos.

Voz

Flauta

Xilófonos

9. Sugar, Sugar

La canción pop *Sugar, Sugar* fue dada a conocer por el grupo The Archies en 1969 y tuvo tal éxito que fue considerada canción del año. Además, estuvo durante cuatro semanas liderando la lista de canciones de la famosa revista estadounidense *The Billboard.*

Voz

Flauta

Xilófonos

10. Old Kentucky Home

El tema *Old Kentucky Home* es una antigua canción popular norteamericana. Hoy día se interpreta en el estado de Kentucky en los eventos deportivos y universitarios.

Voz

Flauta

Xilófonos

11. Oh my Darling, Clementine

La canción *Oh my Darling, Clementine* es un tema popular inglés que se ha convertido en un himno para algunos equipos de fútbol del Reino Unido. Es tradición que el público la cante durante los partidos.

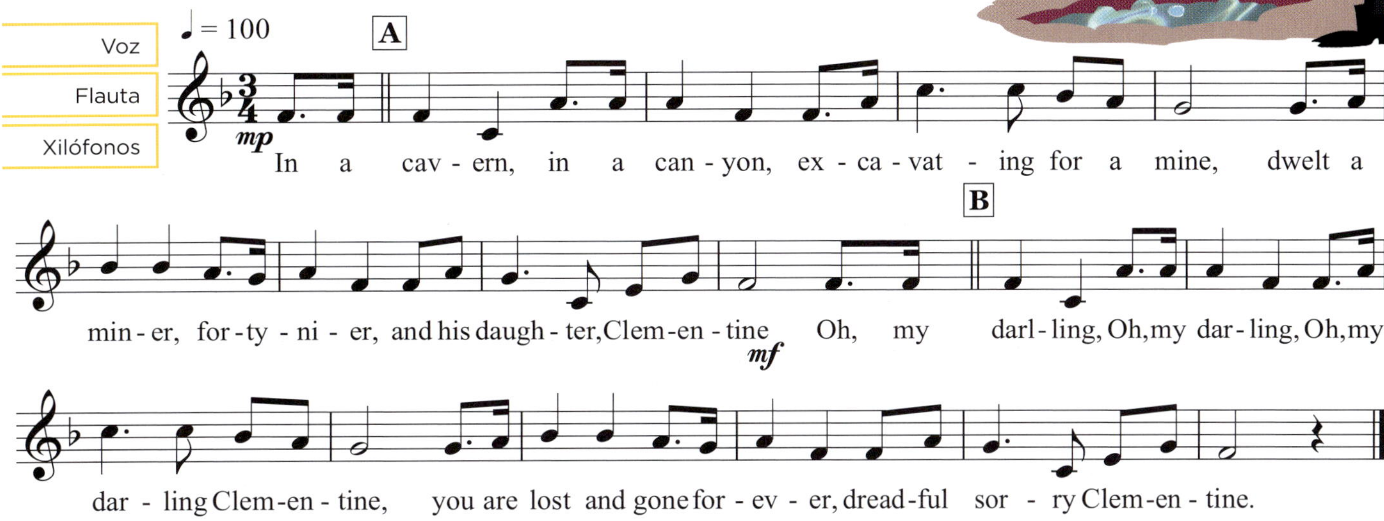

12. Sixteen Tons

La canción de folk norteamericana *Sixteen Tons* trata sobre la vida de un minero del carbón. Los oficios son un tema habitual en las canciones tradicionales.

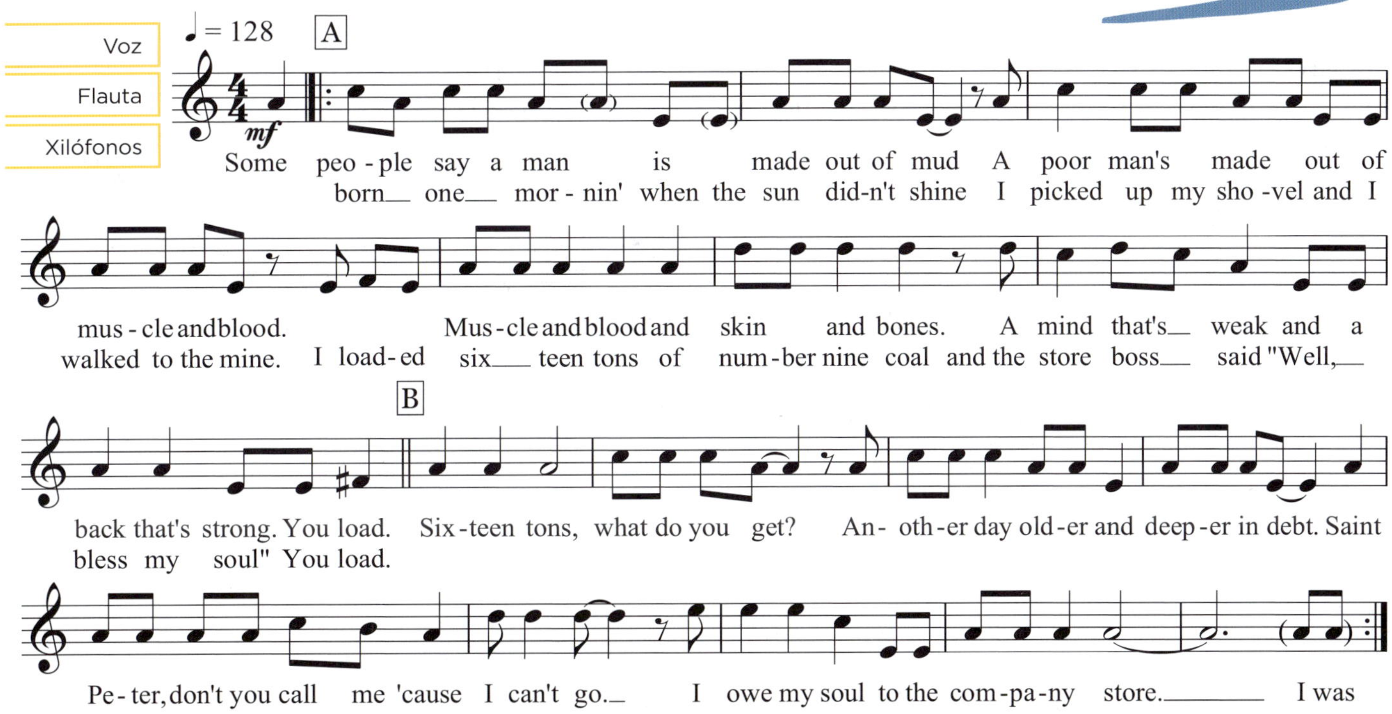

Posiciones de flauta dulce

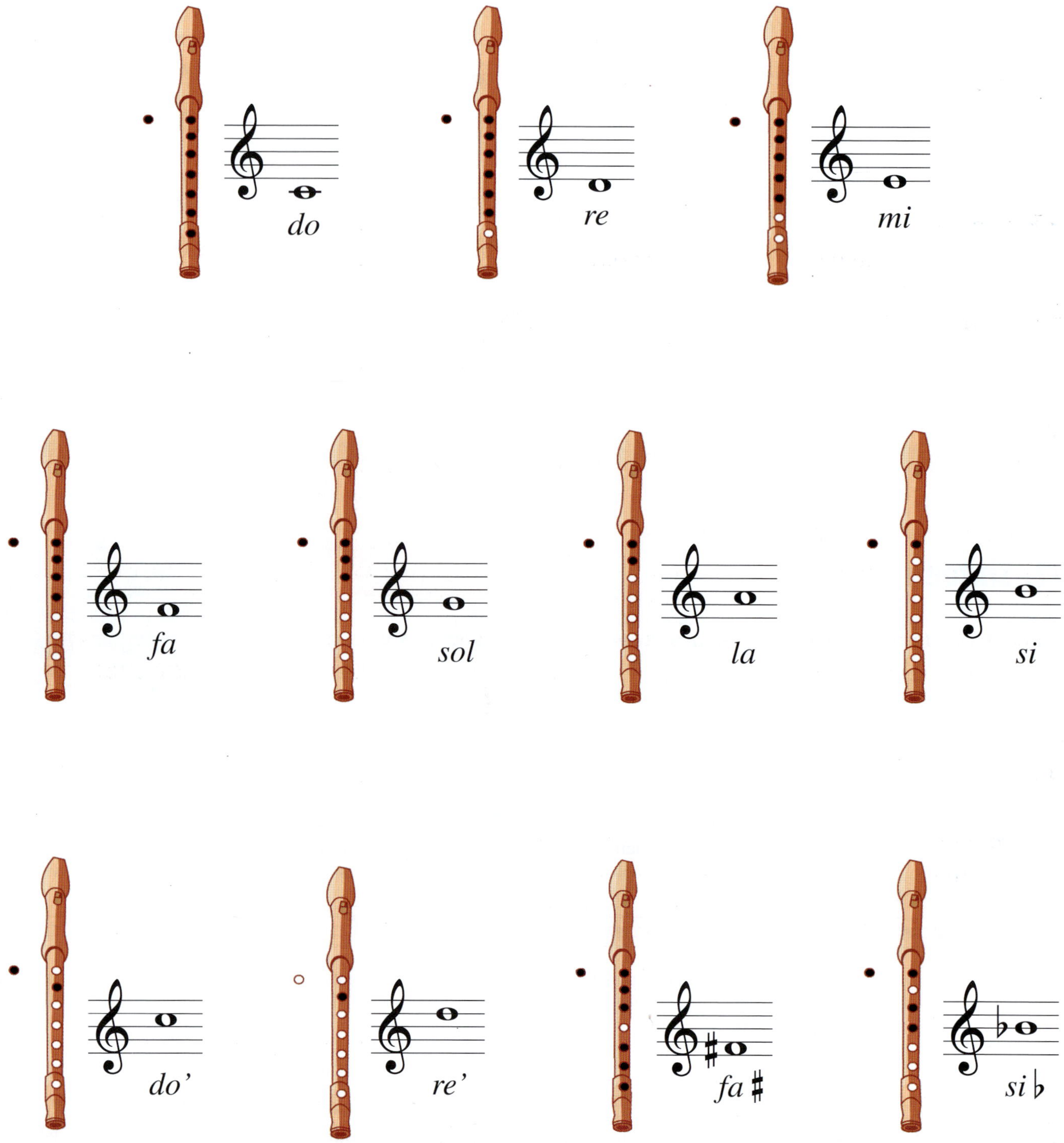

Índice de audiciones

El corte 3 puede encuadrarse dentro de lo establecido en el artículo 32.1 de la L.P.I. (derecho a cita) está editado bajo licencia **NAXOS** y está interpretado por Ensemble Unicorn. Los cortes 1, 2, 4, 6 y 9 han sido compuestos por los autores de la presente obra, con la colaboración de M.ª José Guibert (canciones 2 y 6). Las bases rítmicas 10 y 11 han sido compuestas por Paco Gómez. Los cortes 1, 2, 6 y 7 han sido programados y mezclados por Miguel Á. Collado.

Los temas 5 y 8 son populares, arreglados por Eva F. Gancedo, grabados y mezclados por Luis Lozano e interpretados por Freddy Marugán (guitarra), Eliseo Parra (percusión), Jorge Arribas (acordeón), Werner Glasser (acordeón) y Mónica Botella (clarinete). El tema 9 ha sido arreglado e interpretado por La Musgaña.

Las canciones 2, 5 y 7 han sido cantadas por Sol Pilas y Manuel Gonzalez Pilas; 4, por Celia Vergara y 8 por Eliseo Parra, Celia Vergara y Goshka Fdez. Gancedo. Fernando Berruezo toca el saxo en el tema 1.

Producción musical: Eva F. Gancedo

Masterización: Luis Lozano (Estudio La Colmena)

Edición: Elena Hidalgo y Cristina Fernández

APRENDER ES CRECER EN CONEXIÓN es un proyecto educativo de Anaya Educación para la ESO.
En la realización de este libro han intervenido:

Coordinación editorial
Cristina Fernández

Edición
Elena Hidalgo

Diseño
Dirección de arte: Javier Serrano. Cubierta: Patricia Gómez Serrano.
Interiores: Marta Gómez Peso y Paco Martín. Desarrollo gráfico de cubierta: Juan Carlos Quignón

Ilustraciones
Dh_Creación (Carlos Díaz)

Maquetación
Elena Cofiño

Corrección
Sergio Borbolla

Edición gráfica
José María Marcelino

Fotografías
Archivo Anaya (Boé, O.; Cosano, P.; Enriquez, S.; González Grande, J. L.; Leiva, A.; Lezama, D.; Martín J. M.; Muñoz, J. C.; Steel, M.; Ortega, A.; Ruiz, J. B.; Sanguinetti, J. A.-Fototeca de España; Vázquez, A.
Age, Album, Corbis/Cordon Press, Cordon Press, Efe, Getty Images, Prisma, Thinkstock/Getty Images.

Las **normas ortográficas** seguidas en este libro son las establecidas por la Real Academia Española en la *Ortografía de la lengua española,* publicada en el año 2010.

Nuestras publicaciones mantienen el rigor en el uso y en la selección de los contenidos, en las imágenes y en el lenguaje, para cumplir con la **no discriminación** por razón de género, cultura u opinión.

IMPORTANTE. Las **actividades** propuestas en este libro deben ser realizadas en cuadernos u hojas sueltas; **nunca en el propio libro.**

Los **enlaces a las páginas web** que aparecen en este libro han sido revisados en la fecha de su impresión. La editorial no se hace responsable de las modificaciones o las anulaciones que se produzcan en ellos con posterioridad a dicha fecha.

ISBN: 978-84-678-5109-0 - Depósito Legal: M-3843-2015 - Printed in Spain.

ET019601/1E8I - 8420054